CliffsNotes™

보바리 부인

Madame Bovary

구스타브 플로베르

다락원 WILEY
Publishers Since 1807

세계의 교양을 읽는다

고전을 왜 읽는가?

인간의 삶과 세상에 대한 영원한 물음이 있기 때문이다. 시대와 사상을 뛰어넘어 지금 여기 우리에게 필요한 물음이 없는 고전은 더이상 고전이 아니다. 인간과 삶에 대한 근원적인 물음 없이 고전을 읽는다면 자신과 인간에 대한 성찰과 지혜로 이어지지 않는다. 논술 시험 때문에, 과제물 때문에, 아니면 남들이 읽으니까, 나도 읽는다는 식이라면 그 책은 죽은 책일 수밖에 없다.

고전을 살아 있는 책으로 만드는 이 '물음!'에 답하기 위해서는 좋은 길잡이가 필요하다. 40년 이상 미국의 고교생과 대학 주니어들이 시험, 에세이 작성, 심층토론 준비를 위해 바이블처럼 애용해온 'CliffsNotes'와 'SPARKNOTES'는 바로 그런 좋은 길잡이의 표본이다. 이 두 시리즈가 원조 논술연구모임인 '일이관지(一以貫之)' 팀의 촌철살인적 해설을 곁들여 〈다락원 명작노트〉로 재탄생해 논술로 고민중인 대한민국 학생 여러분을 찾아간다.

CliffsNotes와 SPARKNOTES의 가장 큰 장점은 방대하고 난해한 고전을 Chapter별로 요약하고 분석해서 원전의 내용에 보다 쉽고 체계적으로 접근하는 신속·간편성이라고 할 수 있다. 여기에 '一以貫之'팀이 원전의 중요한 문제의식, 즉 근원적 '물음'은 무엇이며, 그 '물음'은 오늘날에도 여전히 유효한가, 라는 질문을 다시 던진다.

대입논술로 고민하고, 자칭 타칭의 고전이 넘쳐나는 오늘의 독서풍토에서 지적 정복이 긴박한 대한민국 학생들에게 감히 이 시리즈를 자신 있게 권한다.

一以貫之 논술연구모임 연구실장 이호곤

차례

이 책의 활용법

CliffsNotes와 SPARKNOTES는 방대한 원작을 보다 쉽게 이해할 수 있도록 돕는 안내서입니다. 원작 이해를 돕기 위해 작가와 작품에 대한 배경지식, 그리고 매 장마다 간단한 '줄거리'와 '풀어보기'가 실려 있습니다. '줄거리'를 통해서는 원작의 내용을 명쾌하게 파악함으로써 독서의 즐거움을 느낄 수 있을 것입니다. '풀어보기'에는 원작에 담긴 문학적 경향, 등장인물의 심리상태, 시대상, 주제 등을 설명해 놓았습니다. 비판적 글읽기의 바탕이 되는 요소들이죠. 비판적 글읽기는 소설과 비소설 작품을 막론하고 책을 읽을 때 꼭 필요한 자질입니다.

그 밖에도 작품을 좀더 심오하게 분석할 수 있도록 '마무리 노트', 'Review' 등을 마련해 놓아 독자 여러분의 글읽기를 돕고 있습니다.

* 〈　〉는 장편소설, 중편소설, 논픽션, 시집. "　"는 수필집, 단편소설

일이관지(一以貫之) 논술노트

권말에는 一以貫之 논술팀에서 작성한 논술 노트가 실려 있습니다. 원작을 우리의 삶과 연계시켜 비판적 사고와 논리적 글쓰기의 방향을 제시합니다.

실전 연습문제

논술예제와 기출문제를 통해서는 원작을 바탕으로 출제 가능성이 높은 논점을 함께 숙고해 봅니다.

작가의 생애 및 주요 작품

줄거리

등장인물

작가의 생애 및 주요 작품

구스타브 플로베르 Gustave Flaubert는 1821년 12월 12일에 프랑스 루앙에서 태어났고, 1880년 5월 8일에 세상을 떠났다. 그는 시립병원 원장이자 저명한 의사의 넷째 아들이었다. 어릴 적 플로베르는 여리고 조용한 아이였다. 책을 많이 읽었으며, 가족이 병원 안에 있는 저택에 살게 되면서 과학 기술에 대해 지식을 쌓아갔다. 루앙에서 중등교육을 마친 그는 1841년에 자신의 뜻과는 달리 법학 공부를 하기 위해 파리로 갔다. 그곳에서 새 친구도 사귀고 문학 서클에도 가입해 활동했는데, 이 시절의 경험이 작가로서의 재능을 발휘하는 바탕이 되었다.

1844년에는 심각한 신경질환을 앓았는데, 정확한 병명은 알 수 없지만 간질과 관련이 있었던 것으로 보인다. 그는 건강상의 이유로 루앙 근교인 르 크루아세에 정착한 가족에게 돌아갔고, 이 기회에 법학을 그만두었다. 르 크루아세에서 조용한 생활을 하게 된 그는 대부분의 시간을 글쓰기와 연구에 보냈다.

1849-50년에는 근동을 여행했다. 특히 이집트, 시리아, 터키, 그리스를 돌아다녔고, 1857년에는 북아프리카 카르타고의 고대 유적을 돌아보았다. 그는 빅토르 위고, 조르주 상드, 생트뵈브, 고티에, 투르게네프, 공쿠르 형제, 모파상 등 당대의

주요 문인들 대부분과 교류했으며, 그들은 플로베르를 존경하고 칭송했다.

플로베르에게는 친한 친구가 없었으나 특별한 관계를 맺은 여자가 평생 딱 두 명 있었다. 첫 번째 여자는 엘리자 쉴레젱제르이다. 그녀는 플로베르가 열다섯 살 때 투르빌에서 만난 연상의 유부녀로 수년 동안 정신적으로 흠모했다. 두 번째 여자는 여류시인 루이즈 콜레로, 1846년부터 1854년까지 플로베르의 정부였지만 매우 드문드문 만남을 가졌으며 주로 서신을 통해 관계를 유지했다. 플로베르는 루이즈가 상상과는 다르다는 것을 알고 실망했으며, 결국 르 크루아세에서 홀로 지내는 삶을 선호했다.

플로베르는 염세적인 은둔자로 여겨질 때가 많았으며 병적이고 비관주의자라는 평가를 받았는데, 아마도 병을 앓았던 탓도 있을 것이다. 또한 어린 시절을 루앙의 부르주아 사회에서 보낸 그는 중산층을 극도로 혐오하고 경멸했다. 그는 이룰 수 없는 꿈이나 환상과 실제 삶 사이에 존재하는 커다란 괴리 때문에 우울하고 불행한 때가 많았다. 예를 들어 엘리자에 대한 신비롭고 이상화된 사랑은 여성과의 관계에 커다란 영향을 미쳤다. 플로베르의 불행과 외로움은 "보바리 부인은 나다"라는 유명한 말에 가장 잘 함축되어 있다.

플로베르는 생전에 작가로서 명성을 얻기는 했지만 재정적으로는 성공을 거두지 못했다(〈보바리 부인 *Madame*

Bovary〉(1857) 출간 후 5년 동안의 수입은 500프랑에 불과했다). 그리고 비평가들과 독자들의 적개심과 오해 때문에 상처를 받았다. 1857년에 대중의 반감이 최고조에 달했을 때 그와 〈보바리 부인〉의 출판업자는 '공중도덕과 종교에 대한 모독' 혐의로 기소되었으나 무죄로 종결되었다.

〈보바리 부인〉 외에 플로베르의 작품으로는 로마와 카르타고의 전쟁을 다룬 대작 역사소설 〈살람보 *Salammbo*〉(1862)와 중산층의 덧없는 삶과 인간의 욕망을 다시 한 번 다룬 〈감정교육 *A Sentimental Education*〉(1869), 종교화를 연상시키는 〈성 앙투안의 유혹 *The Temptation of St. Anthony*〉(1874)이 있다. 1877년에는 주옥같은 단편 연작 〈세 가지 이야기 *Three Tales*〉인 "순진한 마음 A Simple Heart", "성 쥘리앙의 전설 The Legend of St. Julian the Hospitalier", "헤로디아 Herodias"를 집필했다. 이 유명한 연작은 단편의 걸작으로 손꼽히며, 플로베르의 작품 가운데 가장 정교하고 감동적인 소설에 속한다. 희곡 〈후보자 *The Candidate*〉는 1874년 몇 차례의 공연 이후 실패했고, 마지막 소설 〈부바르와 페퀴셰 *Bouvard and Pecuchet*〉는 미완성작으로, 사후인 1881년에 출간되었다.

플로베르는 19세기의 가장 영향력 있는 유럽 작가 중 한 사람이며, 그로 인해 프랑스 소설은 한 단계 발전할 수 있었다. 세 단편 연작을 제외하면 후기 작품은 첫 소설보다 예술성이나 기교면에서 뒤떨어지며, 그의 명성은 주로 〈보바리 부인〉에 기인한다.

그동안 이 작품은 문학도들에게 가장 인기 높고 영향력 있는 사실주의 소설의 선구자적 모델로 인정을 받아왔다. 평론가들은 탁월하면서도 본질적이고 감동적인 이야기를 담고 있다고 평가한다. 더불어 〈보바리 부인〉을 모르고서는 근대 유럽과 미국 소설을 이해하거나 감상할 수 없다는 이야기까지 있을 정도다.

줄거리

중산층 가정의 외동아들로 태어난 샤를르 보바리는 의사가 되어 시골 마을에서 개업한다. 그리고 자기보다 나이 많은 여자와 중매결혼을 한다. 그 후 부인이 세상을 떠나자 샤를르는 환자의 딸인 엠마 루오라는 매력적인 처녀와 재혼한다. 엠마는 한동안 결혼생활에 들떠 즐겁게 지낸다. 그러나 피상적인 낭만을 꿈꾸고 있던 그녀는 이내 새로운 삶에 싫증을 느끼고 그 환상에서 벗어난다. 불만에 찬 엠마는 몸져눕는다.

엠마의 요양을 위해 부부는 다른 도시로 이사를 가고, 그곳에서 딸이 태어난다. 계속 불행해 하던 엠마는 젊은 공증인 서기 레옹을 흠모하기 시작한다. 레옹이 법률학교에 가기 위해 도시를 떠나자 엠마의 권태와 욕구불만은 더욱 심해지고,

아내와 어머니로서의 의무를 소홀히 하게 된다. 아내를 기쁘게 해주려는 샤를르의 노력은 헛수고가 되고, 엠마는 남편의 무조건적인 사랑의 가치를 알아주지도 이해하지도 못한다.

결국 엠마는 지방의 지주 로돌프와 불륜 관계를 맺는다. 그 후 로돌프에게 버림받은 엠마는 크게 앓는다. 회복된 후 엠마는 루앙에서 우연히 레옹을 만나 부적절한 관계를 시작한다. 그녀는 매주 루앙에서 레옹을 만나는 경비와 갖고 싶은 것들을 사기 위해 남편의 돈을 마음대로 써버리고 많은 빚을 진다. 엠마는 남편에게 이 사실을 숨기고 위임장을 받아 금전을 모두 관리하려고 한다.

어음이 오랫동안 미지불 상태가 되자 채권자들이 엠마를 고소해 승소한다. 엠마는 막대한 빚을 지게 되고 집행관들이 가족의 재산을 몰수하기에 이른다. 필사적으로 돈을 마련하려던 그녀는 결국 로돌프와 레옹에게 도움을 청하지만 아무도 그녀를 도와주려 하지 않고, 도와줄 수도 없다. 수치심과 절망에 빠진 엠마는 약을 먹고 자살한다. 파산해 실의에 빠진 남편 샤를르도 딸에게 가난만을 물려준 채 세상을 뜬다.

등장인물

주요 인물

샤를르 보바리 *Charles Bovary* 시골 의사. 지능이나 창의력이 떨어진다. 순진하고 순종적이며, 관심사 역시 매우 보수적이고 세속적이다.

엠마 보바리 *Emma Bovary* 무책임하고 미성숙하며 신경과민으로 현실에 적응하지 못하는 여성.

로돌프 *Rodolphe* 엠마의 첫 번째 정부. 용빌 근처의 지주로 약삭빠른 독신주의자.

레옹 *Leon* 엠마의 친구였다가 두 번째 연인이 된다.

기타 인물

당데르빌리에 후작 *Marquis d'Andervilliers* 귀족. 라 보비에사르에 있는 자기 성의 무도회에 샤를르와 엠마를 초대한다.

장님 떠돌이 거지 *The Blind Beggar* 엠마가 루앙과 용빌을 오가는 사이 여러 차례 맞닥뜨리는 추하게 일그러진 외모의 인물. 엠마가 죽어갈 때 창문 밑을 지나간다. 흉측한 외모와 소름끼치는 노래는 매번 엠마를 두려움에 떨게 한다. 죽음과 악을 상징.

베르트 *Berthe* 샤를르와 엠마의 딸.

비네 *Binet* 용빌의 세금징수원.

보카주 *Maitre Bocage* 루앙에 사는 레옹의 고용주.

부르니지엥 *Bournisien* 용빌의 신부. 선하고 순진하지만 지성이나 직관, 세련됨이 절대적으로 모자란다. 교회의 교리주의적이고 시대에 뒤떨어진 면모를 모두 받아들이고 옹호하며, 절대 의문을 품는 일이 없다. 교구 주민들이 정말로 원하는 것이 무엇인지도 깨닫지 못한다. 플로베르가 살았던 시대의 지방 사제들의 무식함과 무능함을 상징하며, 오메와 정반대되는 인물로 그려진다.

보바리 노부인 *Mme. Bovary the Elder* 샤를르의 어머니. 불행한 결혼 생활에 대한 보상으로 자식을 과잉보호하고 응석을 다 받아주는 어머니가 되었다. 성인이 된 아들을 좌지우지하며 아들의 인생을 대신 꾸려가려 한다. 샤를르가 아내에게 느끼는 사랑을 질투해서 엠마와의 사이가 좋지 않다.

보바리 씨 *M. Bovary* 샤를르의 아버지. 전직 장교로 강제 전역을 당했다. 독선적이며 잔인하고 허풍이 심한 인물로, 돈 낭비가 심하고 술을 많이 마시며 부정한 남편이다.

카니베 *Canivet* 이웃 마을의 의사. 샤를르가 이폴리트를 수술했을 때, 그리고 엠마가 크게 앓아누웠을 때와 음독했을 때 불려온다. 샤를르보다 뛰어난 의사는 아니지만 샤를르 앞에서 자신을 낮추면서도 자기 의술과 명성에 우쭐해 한다.

펠리시테 *Felicite* 엠마의 하녀.

기요맹 *Maitre Guillaumin* 용빌의 공증인. 레옹이 처음에 그의 밑에서 일했다. 끝부분에서 엠마가 도움을 청한다.

아랑 *Maitre Hareng* 집행관.

엘로이즈 *Heloise* 샤를르의 첫 번째 부인.

이폴리트 *Hippolyte* 여관집 사환. 샤를르와 오메가 그의 다리 수술에 실패한다.

이베르 *Hivert* 용빌의 마부.

오메 *Homais* 용빌의 약제사. 작품에서 가장 성공적인 조연. 인물 자체로서의 역할과 어떤 전형을 대표하는 역할을 완벽하게 보여주기 때문이다. 플로베르가 매우 혐오했던 신흥중산층의 정신 자세와 '진보적인' 견해를 대변한다. 지성에 한계가 있고 교육 수준도 낮지만 잘난 척하며 자존심이 강하다. 그가 하는 말은 진부한 것과 반쯤 거짓인 말밖에 없으며, 새로운 부르주아 계층의 한계와 편견을 상징한다. 자칭 불가지론자이며 볼테르의 옹호자이면서도 죽음 앞에서는 두려움에 떨고 미신을 믿는다. 게다가 이폴리트의 수술 후 벌어진 사건에서도 알 수 있듯이 비겁하고 무책임하며, 평등의 원칙을 설파하지만 정작 본인은 사회적 지위에 신경 쓴다. 작품에서 가장 재미난 장면은 그가 숙적인 신부와 나누는 대화다. 오메의 성공과 개인적 승리가 묘사되는 작품 마지막 부분에서 플로베르의 비관주의가 드러난다.

오메 부인 *Mme. Homais* 약제사의 아내. 순진하고 평범한 여자.

쥐스텡 *Juistin* 오메의 십대 조수. 엠마를 남몰래 사모하고 끝부분에서 엠마의 무덤 옆에서 울고 있는 모습이 사람들 눈에 띈다. 순진하고 순결한 청년이지만 엠마에게 비소를 건네준다.

라가르디 *Lagardy* 루앙의 오페라에서 샤를르와 엠마가 보았던 이름난 테너 가수. 바람둥이로도 유명하다. 엠마가 라가르디에게 관심을 보인 후 레옹을 만난다.

라리비에르 *Lariviere* 엠마의 생명을 구하기에는 너무 늦게 도착한 루앙의 유명한 의사. 박식하고 의술이 뛰어나며, 자신보다 능력이 없는 의사들이나 오메와 같이 잘난 척하는 얼간이들을 경멸한다. 냉담한 우월주의자이고 쌀쌀맞지만 환자들의 고통에 진정한 연민을 느끼며 의사로서의 품위와 고결함을 보여주는 유일한 인물이다. 전기 작가들은 플로베르가 아버지의 모습을 그리고 있다고 생각한다.

르프랑수와 부인 *Mme. Lefrancois* 용빌의 여관 주인.

랑프뢰르 *Mlle. Lempereur* 엠마에게 강습을 하기로 했던 루앙의 피아노 교사.

카트린느 르루 *Catherine Leroux* 농사공진회에서 상을 받은 나이 든 농사꾼 여인. 겸손함과 헌신은 엠마의 생활 방식과 대비된다.

레스티부드와 *Lestiboudois* 용빌에서 잡일을 하는 사람으로 교회지기이기도 하다.

뢰르 *Lheureux* 용빌의 비양심적인 대부업자이자 위탁판매인. 엠마의 나약함과 두려움을 악용해 빚을 지게 만든다. 보바리 부부가 파산하도록 만들어 결국 엠마의 자살을 재촉한다.

리외벵 *Lieuvain* 도지사의 대리인. 농사공진회에서 연설을 한다. 애국심과 진보, 의무, 종교, 농사의 고귀함을 역설하는 진부한 연설은 부르주아에 대한 플로베르의 생각을 반영한다. 같은 시각 로돌프가 엠마의 귀에 대고 속삭이는 진부한 사랑의 고백과도 대비된다.

나스타지 *Nastasie* 샤를르가 처음 고용한 하녀. 무도회에 다녀온 엠마가 해고한다.

루오 *Roualt* 엠마의 아버지. 단순하고 일자무식의 농부이지만 이 작품에서 유일하게 온정이 넘치고 이타적인 인물이다.

튀바슈 *Tuvache* 용빌의 면장.

뱅카르 *Vincart* 뢰르와 함께 어음 거래를 하는 대부업자.

제 1 부

제 2 부

제 3 부

제 1 부

Chapter 1

소심하고 평범한 샤를르 보바리

열다섯 살의 샤를르 보바리는 급우들에게 부끄럼 많고 우둔한 시골 소년이란 인상을 주었다. 샤를르는 뛰어나게 명석하거나 재치가 넘치지는 않아도 꾸준하고 부지런한 학생이었다. 조용한 성격이었지만 친구들과도 잘 어울렸다.

샤를르의 아버지는 전직 군의관으로 어떤 사건에 휘말려 군을 떠날 수밖에 없었다. 잘생겼지만 뻔뻔스러운 그는 순전히 막대한 지참금을 손에 넣기 위해 샤를르의 어머니와 결혼했으나 어리석은 투기와 술, 불륜으로 가산을 대부분 탕진하고, 결국 작은 농장을 매입해서 살아가는 신세가 되었다. 그는 중년의 나이에도 끊임없이 아내를 학대했으며, 냉혹하고 엄격하며 허풍이 심했다.

발랄하고 낙천적이던 샤를르의 어머니는 한때 남편을 진심으로 사랑했지만 불행한 결혼 생활로 애정이 식으면서, 신경질적이고 심술궂게 변했다.

샤를르가 태어난 후에는 교육 문제로 부부가 자주 다퉜고, 따라서 그의 어린 시절은 일관성 결여와 모순의 연속이었다. 어머니는 아들을 지나

치게 사랑하고 귀여워한 반면, 아버지는 엄하게 가르치며 험난한 삶에 대비시키려 했다.

샤를르는 중학교를 거쳐 대학에서 의학을 공부했다. 처음에는 열심히 학업에 임했지만 머리가 좋지 않고 천성적으로 게을러 의사면허시험에 실패하고 만다. 샤를르의 어머니는 시험관들이 불공정한 심사를 했다고 생각했고, 남편에게는 낙방 소식을 알리지 않았다. 샤를르는 다음 학기에 훨씬 더 열심히 공부해서 시험에 합격한다. 대학에서 처음으로 진정한 자유를 만끽한 그는 대학생이라면 누구나 경험하는 여러 가지 유흥을 즐겼다.

샤를르가 의사가 되자 어머니는 토트 마을에서 개업을 시켜주고, 엘로이즈라는 부잣집 신붓감을 찾아주었다. 신부는 샤를르보다 나이가 많은 못생긴 과부였다. 샤를르는 결혼하면 자유로워질 것이라고 기대했지만 이내 아내가 어머니 못지않게 옥죄고 지배하려 한다는 것을 깨닫는다. 그렇지만 그의 병원은 번창했다.

: 풀어보기

작가는 배경 및 인물들의 중요한 성격과 특징들을 신속하게 묘사해서 독자가 앞으로 벌어질 사건들에 대비하도록 했다. 예를 들어, 독자들이 샤를르가 특별한 재능이라곤 없는 극히 평범한 인물이란 사실을 아는 것은 매우 중요하다. 그는 타고난 재능이 없어 무엇이든 이루려면 남보다 훨씬 많이 노력해야 하고, 어머니나 아내에게 휘둘리며 살고 있다.

작가는 이 작품에서 시골의 중산층 사회를 다루고 있다. 작가는 1장에서 이야기가 전개되는 전형적인 시골에 대해 기본적인 정보를 제공한다.

샤를르와 아버지가 보여주는 극명한 대조도 눈여겨볼 만하다. 아버지가 지닌 약간의 매력과 창의력이 아들에게는 부족하다. 아들은, 주된 관심사라고는 남편이 진 빚을 갚는 것과 요행으로 삶을 살아가는 것이 전부인 어머니를 더 많이 닮았다.

샤를르의 첫 번째 결혼은 엠마와의 재혼에 큰 영향을 미치는 매우 중요한 사건이다. 첫째 아내는 엠마 같은 '사랑스러움'이 전혀 없으면서도 샤를르를 마음대로 휘둘렀고, 잔소리가 너무 심해서 그의 삶을 힘겹고 불행하게 만들었다. 이처럼 첫 번째 아내는 엠마와는 상극인 인물이었기 때문에 샤를르가 엠마의 매력에 더 빠져들 수밖에 없었던 것이다.

Chapter 2

엠마와의 첫 만남

어느 늦은 밤, 샤를르는 마을에서 18마일 떨어진 곳까지 와서 부러진 다리를 치료해 달라는 요청을 받고 잠에서 깬다. 그는 먼저 마부를 보내 두어 시간 내로 가겠다고 약속했다. 새벽 4시에 왕진을 나선 샤를르는 골절에 대해 아는 지식을 모두 기억해내려 애썼다.

샤를르가 농장에 도착하니 매력적인 아가씨 엠마가 맞아주었다. 환자를 진찰한 그는 합병증이 없는 단순 골절이란 사실에 크게 안도한다. 엠마가 들어와 붕대 준비를 도와주었다. 샤를르는 반짝이는 그녀의 아름다운 갈색 눈을 보고는 반해 버렸다. 엠마는 치료를 마친 그를 식당으로 데려가 식사를 대접했고, 두 사람은 환자에 대해 얘기를 나눴다. 샤를르는 농장을 나서며 사흘 후에 다시 오마고 약속한다. 그러나 그는 바로 이튿날 다시 농장을 방문했고, 먼 길에도 불구하고 일주일에 두 번씩 찾아갔다. 약 8주 후에 환자는 다시 걷게 되었다.

그동안 샤를르는 자기가 왜 그렇게 자주 환자를 보러 갔는지는 한 번도 생각해 보지 않았다. 그런 의문을 품은 것은 바로 그의 아내였다. 여기저기를 수소문한 아내는 환자에게 수도원에서 자란 새침한 딸이 하나 있다는 것을 알아냈다. 그녀는 남편에게 불평과 잔소리, 애원을 늘어놓은 끝에야 다시는 농장에 가지 않겠다는 약속을 받아낸다.

시간이 지나자 샤를르의 어머니와 아내는 샤를르에게 쉴 틈을 주지

않고 잔소리를 늘어놓기 시작했다. 그러던 중 느닷없이 엘로이즈의 재산을 관리하던 공증인이 재산을 거의 다 가지고 도주했다는 소식이 들려왔다. 설상가상으로 남아 있는 재산마저도 별 가치가 없으며 그녀가 결혼 전에 재산을 부풀려 말했다는 것이 조사과정에서 드러났다. 샤를르의 부모는 이 문제로 심한 언쟁을 벌였고, 엘로이즈는 매우 심란했다. 그로부터 일 주일이 지난 후 엘로이즈는 갑자기 쓰러져 세상을 떠난다.

: 풀어보기

2장에서 독자는 처음으로 엠마를 만난다. 그러나 작가는 거리를 두고 그녀의 모습을 보여주려 한다. 다시 말해, 다른 인물들의 눈을 통해 엠마라는 인물을 접하도록 만든 것이다.

작가는 엠마를 개인적이고 직접적인 관점에서 소개하지 않고 샤를르와 엘로이즈의 시각에서 보여주고 있다. 이렇게 서서히 인물을 의식하게 하는 기법은 주인공에 대한 독자의 관심을 불러일으킨다.

샤를르가 왜 그토록 자주 환자를 방문했는지조차 깨닫지 못하는 것은 그의 성격을 나타내는 부분이다. 그에게는 아내가 엠마를 보러 다닌 이유를 추궁하는 것 자체가 의외였을 것이다. 샤를르는 엠마를 볼 수 있는 기회를 마다함으로써 멀리서나마 떳떳하게 엠마를 사모하리라고 다짐했다.

첫째 아내는 잔소리가 심하고 성격도 고약하며 까다롭고 추하고("드레스는 앙상한 뼈대 위에 늘어져 있었다.") 불쾌한 여자라서 그에게는 엠마가 천사처럼 보일 수밖에 없었다. 샤를르는 불행했던 첫 번째 결혼 생활의 영향 때문에 엠마에게 무척 관대했고 그녀 말이라면 무엇이든 들어주게 된 것이다.

플로베르의 장면 묘사방식을 잘 모른다면 이 소설이 얼마나 위대한 작품인지를 깨닫지 못할 것이다. 샤를르가 환자의 집에 도착하는 상황에서 작가가 얼마나 용의주도하게 독자로 하여금 그 장면을 느낄 수 있도록 했는지 살펴보라. 그는 주도면밀한 언어 선택과 묘사로 전달하고자 하는 내용을 정확히 기술하고 있다. 플로베르의 기법은 천천히 피사체에 근접했다가 다시 천천히 다른 피사체로 이동하는 카메라의 움직임과 같다.

Chapter 3

: 줄거리

결혼식

얼마 후 루오는 샤를르에게 연락해 그동안의 치료비를 계산하고 조의를 표했다. 그리고는 농장에 한 번 찾아오라고 청하자 샤를르는 그러마고 대답한다. 그때부터 그는 루오의 농장에 자주 드나들었다. 이런 상황에서 엠마에 대한 관심은 나날이 깊어만 갔고, 이내 엠마를 사랑하게 되었다는 것을 깨달았다.

엠마의 아버지는 탁월한 농장주는 아니었다. 빚도 있었고, 훌륭한 사과주를 만들어도 시장에 내다팔기는커녕 자기가 전부 마셔버리는 위인이었다. 그는 샤를르가 엠마에게 관심이 있다는 것을 눈치 채고는 결혼을 허락하기로 했다. 특히 엠마가 농장 일에는 소질이 없다는 것을 알고 난 이후로는 더욱 마음을 굳혔다. 마침내 샤를르의 청혼이 받아들여졌다.

샤를르와 엠마는 샤를르가 탈상하자마자 결혼식을 올리기로 한다. 샤를르는 엠마를 자주 찾아가서 결혼식에 대해 자세히 상의했다. 엠마는 횃불을 밝히고 자정에 결혼식을 올리고 싶어했지만 그녀의 아버지가 반대하는 바람에 피로연이 16시간이나 계속되는 전통 혼례를 치렀다.

: 풀어보기

샤를르는 엠마가 하는 일이라면 무엇이든 기쁜 마음으로 바라본다. 엠마의 외모, 걸음걸이, 행동 등 그녀에 관한 것이라면 무엇이든 좋았다. 결점이라곤 찾아볼 수 없었다. 미래의 아내에 대한 태도와 시각은 결혼 생활 내내 한결같아서 엠마가 더 쉽게 무분별한 행동에 빠져들게 된다.

작가는 엠마의 성격에 관해 암시를 던지기 시작한다. 딸이 농장 일에 보탬이 되지 않는다고 생각하는 아버지는 그녀의 결혼을 전혀 아쉬워하지 않았다. 비극적 결말의 원인이 되는 엠마의 낭만적 성격은 횃불을 밝히고 자정에 결혼식을 올리고 싶어하는 바람에서 언뜻 나타난다. 이 소망은 엠마가 지루하고 무미건조한 일상을 깨기 위해 독특하고 놀라운 무언가를 갈구한다는 것을 보여주는 첫 번째 단서다.

Chapters 4, 5

: 줄거리 엠마, 결혼 생활에 권태를

결혼식은 많은 친구와 친지들이 참석한 매우 흥겨운 잔치였다. 한 가지 아쉬운 점이라면 결혼 계획이나 예식 준비에 참견하지 못하게 한 것을 괘씸하게 여긴 샤를르 어머니의 뾰로통한 태도였다. 모든 사람들이 샤를르의 행복을 느낄 수 있었고, 엠마도 결혼을 흡족해 하는 것 같았다. 신혼부부는 루오의 농장에서 이틀을 보내고 토트로 돌아갔다.

샤를르는 자랑스럽게 엠마를 신혼집으로 데리고 간다. 엠마는 샤를르가 아무 생각 없이 놓아두었던 전처가 남긴 결혼식 꽃다발을 침실에서 발견하고 우울해지지만 신혼집에 처음 도착해서 흥분한 나머지 이내 마음이 풀린다. 그 이후로 샤를르는 온통 아내 생각뿐이었고 아내를 기쁘게 하기 위해 모든 노력을 기울였다. 아내와 함께 산책을 다녔고 변덕을 모두 받아주며 즐거워했다. 샤를르는 그때까지 인생이 이렇게 행복할 수 있다는 것을 알지 못했다. 그러나 엠마는 결혼으로 기대했던 행복을 왜 느낄 수 없는지 의아스러웠고, 책에서 읽은 '희열', '정열', '도취'와 같이 무척 멋지게 들렸던 말들은 다 무엇인지 고민했다.

: 풀어보기

4장은 시골의 결혼 풍습에 대한 사실적인 묘사에 치중하고 있다. 플로베르는 대가의 솜씨로 독자가 시골 생활을 느낄 수 있게끔 만들었고, 이런 장면들로 인해 완벽한 사실주의의 거장으로 불리는 것이다.

4장과 5장에서는 샤를르가 얼마나 엠마에게 푹 빠져 있는지를 보여준다. 이처럼 아내에게 헌신하는 모습을 보면 나중에 그가 엠마의 과오에 눈을 감고 변덕을 모두 받아주는 것이 전혀 이상하지 않다.

신혼집의 가구나 구조에 대해서도 매우 자세한 설명이

나온다. 집을 새로 꾸미려는 엠마의 태도를 자아 표현으로 볼 수는 없으며, 항상 변화를 추구하는 성향으로 보아야 한다. 그녀는 변화가 생길 때마다 원하는 행복을 찾을 수 있으리라고 생각한다.

엠마의 낭만적 성격이 처음 드러나는 부분은 샤를르의 전처가 남긴 부케를 보는 장면이다. 이로 인해 엠마는 자신의 꽃다발에서 느껴보고 싶었던 낭만을 맛보지 못하게 된다.

5장 마지막 부분에서 엠마의 본성이 드러나기 시작한다. 결혼 생활이 소설에서 읽었던 것과는 달리 별 볼일이 없자, 환상에서 깨어나고 있는 것이다. 엠마의 현실 세계와 꿈꾸었던 이상적인 삶의 차이가 앞으로 전개되는 이야기의 핵심 주제가 될 것이다.

Chapter 6

수도원에서 보낸 소녀 시절

엠마는 열세 살 되는 해에 아버지가 수도원으로 데려갔던 기억을 떠올린다. 처음에는 수도원 생활이 즐거웠다. 수녀들과 얘기하는 것도 좋았고 어려운 문제에 답하는 것도 재미있었다. 그러나 엠마는 이내 수도원의 나른한 분위기에 휩쓸렸고, 교리문답을 듣기보다는 예배당의 아름다움에 넋을 잃었다. 그녀는 교회가 낭만적이라고 생각했고, '병든 어린 양', '약혼자, 하느님의 연인, 영원한 결혼'의 비유를 듣고 꿈에 부풀었다. 그리고 종교서적에서도 낭만적인 우수가 깃든 탄식에만 귀를 기울였다.

수도원에 찾아와 소녀들에게 몰래 사랑노래를 불러주던 노처녀가 있었다. 당시 엠마는 닥치는 대로 책을 읽었는데 쓸쓸한 만남, 은밀한 만남, 어두운 숲, 혼란스러운 마음이 등장하는 연애 이야기들이었다. 그리고는 월터 스콧*에 심취했는가 하면, 흰 깃털로 장식한 기사가 말을 타고 달려와 낭만적인 성에 살고 있는 자신을 구해 주는 꿈을 꾸었다.

어머니가 세상을 뜨자 엠마는 어머니의 머리칼로 그림을 만들고 아버지에게 자기가 죽으면 어머니와 같은 무덤에 묻어달라고 편지를 썼다. 엠마는 낭만적이고 감상적인 시를 읽으며 시간을 보냈고, 교회의 신비적

---

* **월터 스콧**(Walter Scott, 1771-1832): 영국 에든버러 출생. 웨이벌리 소설 시리즈를 통해 역사소설의 장르를 개척한 소설가이자 시인으로 스코틀랜드의 역사를 널리 알림.

교의에 흥미를 느끼면서도 계율에는 반감을 가졌다.

아버지가 그녀를 수도원에서 빼낸 후에는 한동안 하인들을 부리는 것에 재미를 붙였으나 이내 싫증을 느끼고 수도원을 그리워했다. 샤를르가 등장하자 지금의 조용하고 지루한 연애가 소설에서 읽었던 것이 아니란 생각이 들었다.

: 풀어보기

5장까지는 엠마에 관한 간접적인 모습만 소개되었다. 이제 작가는 엠마에 대한 견해를 피력하고 분석을 시도하려 한다. 앞서 말한 바와 같이 서서히 인물을 의식하게 하는 기법은 주인공에 대한 독자의 관심을 증대시킨다.

6장에서 엠마는 구제불능의 낭만주의자, 현실 세계보다는 허구, 즉 꿈속에 사는 인물로 소개된다. 그녀는 몽상가이자 감상주의자다. 어린 시절 목가적 연애소설인 〈폴과 비르지니 *Paul et Virginia*〉를 읽었던 엠마는 삶과 사랑에 대해 매우 감상적이고 낭만적인 생각을 갖게 되었다. 수도원 생활은 그러한 감상적인 경향을 더욱 살찌워준다. 그녀는 종교에서 일탈적이면서 신비하고 몽상적인 것을 추구하면서 현실 세계를 보지 못하고, 연애 소설만 읽었다. 그리고 일상생활의 바탕이 되는 요소들을 찾기보다는 아름답고 예술적인 것에만 관심을 기울였다. 남몰래 읽은 소설들이 금지된 것이라는 사실은 연애를 더욱 소중히 생각하게끔 만들 뿐이었다. 결국 몽상에 빠져 버린 엠마는 연애소설의 모든 요소들이 현실 세계에서도 살아 움직이길 바라는 꿈꾸는 소녀가 되고 말았다. 그녀는 오래된 성이나 백마를 타고 발코니까지 달려오는 낭만적인 연인들, 달빛 아래 외딴 성에서 갖는 연인과의 만남을 꿈꾸었다. 흥분과 신비에 대해 강한 욕구를 느끼는 그녀는 일상의 평범함을 견딜 수 없었다. 따라서 샤를르가 다가왔을 때 자기 삶이 왜 열정과 희열, 도취로 충만해지지 않는지 이해하지 못한다.

6장에서는 끊임없이 변화를 추구하는 그녀의 또다른 성격도 암시된다. 수도원을 나와서는 집에서 하인들을 다루는 것을 즐기더니 이내 싫증을 내고 수도원 생활을 그리워한다. 앞으로도 엠마는 무슨 일을 시작했다가 곧 그만두고 새로운 일에 손을 댄다.

Chapter 7

결혼에 대한 회의

엠마는 자기 인생에서 가장 화려한 시기가 신혼으로 끝나는 것은 아닌지 의문에 빠졌다. 자신은 왜 화려한 벨벳 옷, 부드러운 장화, 끝이 뾰족한 모자로 단장하고 남편과 스위스 산장에서 지낼 수 없는 것일까? 샤를르가 그녀에게 보내는 관심이 겉으로 드러날수록 엠마는 속으로 남편에게서 멀어져간다. 엠마는 남편을 관찰하면서 그가 일상을 참 단순하게 살아간다고 생각한다. 그는 엠마에게 아무런 감흥도 일으키지 못했고, 그가 하는 말은 지루했다. 그는 무엇을 하거나 보고자 하는 욕구 따위는 없었고, 엠마가 읽던 소설에 나오는 승마 용어 하나도 설명하지 못했다. 엠마는 자신을 다양한 활동과 정열로 이끌고 충만한 삶을 살도록 영감을 줄 수 있는 이상적인 남자를 꿈꿨다. 샤를르가 자신과 함께 있다는 사실 하나만으로도 만족스러워한다는 것을 알게 된 엠마는 그의 흔들림 없는 평온함과 자족감이 미웠다.

반면, 샤를르는 아내에게서 결점이라곤 찾지 못했다. 훌륭한 살림꾼이었고 피아노도 잘 쳤다. 아내가 하는 행동은 전부 그에게 기쁨을 주었고, 자신의 삶과 행운에 더 이상 바랄 게 없었다. 그러나 어머니가 방문할 때면 고부간에 흐르는 냉기가 당혹스러웠다. 엠마는 시어머니의 충고와 간섭이 싫었고, 시어머니는 아들이 아내를 사랑하는 것에 질투를 느꼈다.

그런 와중에도 엠마는 고차원적이고 정열적인 사랑을 계속 갈망했으며, 그런 사랑이 자신에게 허락되지 않았다는 생각으로 서글펐다. 그녀는 결혼한 것을 자책했고, 학교(수도원)에서 같이 지냈던 친구들의 행복을 상상하며 질투를 느꼈다.

9월에 이들 부부는 샤를르가 치료했던 당데르빌리에 후작의 성에서 열리는 무도회에 초대를 받는다. 후작은 지위가 높았지만 샤를르에게 사례를 하고 싶었던 것이다. 엠마는 이 이례적인 일을 몹시 고대했다.

: 풀어보기

엠마는 끊임없이 지금과는 다른 삶과 다른 남편을 꿈꾼다. 그리고 다른 남자와 멋지게 살아가는 모습을 그리며 샤를르와 멀어지기 시작한다. 샤를르가 진부함, 느리고 변함없는 삶의 방식, 감정적인 자극의 결여와 만족감을 보이는 반면, 엠마는 자신을 열광시키고 강렬한 열정이 느껴지는 삶으로 이끌어줄 남자를 꿈꾸고 있다. 식사에 만족하고 곧바로 잠에 곯아떨어져 코를 고는 지루하기 짝이 없는 남편을 바라보고 있노라면 다른 삶에 대한 주체 못할 갈망에 몸서리가 쳐진다.

7장에서는 엠마와 샤를르가 정반대되는 인물임을 보여준다. 샤를르의 꾸준한 면과 무엇에든 열심이고 모든 것을 받아주는 성격은 엠마가 삶에서 느끼는 흥분을 모조리 빼앗아간다. 그녀는 남편의 촌스러운 태도와 둔감함에 점점 신경이 곤두선다. 이번 장에서는 뭔가 신나는 일이 벌어지기를 기대하는 엠마의 삶이 시작된다. 그녀는 채우지 못한 갈망으로 인해 흥분될 만한 무언가를 계속 기다린다. 그녀의 실망감은 그녀가 내뱉은 말에서 드러난다. "맙소사, 내가 어쩌자고 결혼을 했던가?" 이전에도 독자는 엠마라는 인물에 대해 그리고 그녀의 생각을 알고 있었지만 그녀가 직접 말을 한 것은 이번이 처음이다.

엠마가 기다리던 흥분은 라 보비예사르에 초대되면서 실현된다. 이 일은 엠마의 인생에서 절정기에 해당된다.

Chapter 8

: 줄거리 무도회에서

성은 넓은 땅에 웅장하게 자리 잡고 있다. 많은 방에는 값비싸고 예술적인 가구와 장식이 가득했다. 무도회에는 인근의 귀족과 상류층 사람들이 모두 참석했다.

엠마는 귀족들 틈에서 마음껏 움직일 수 있는 기회를 갖게 된 것이 너무나 기뻤다. 그녀는 성에 머무는 동안 샤를르가 시골의 우스운 광대처럼 느껴졌고, 그와 함께 있다는 것이 당혹스러워 계속 호되게 나무랐다. 드레스를 입은 엠마는 마치 귀부인인 양 행동하며 다른 손님들과 어울렸다. 밤새 그녀는 주위 사람들의 눈부신 아름다움에 취해 있었다. 무도회와 사람들은 오랫동안 고대해 왔던 소설과 꿈에서 튀어나온 것 같았다. 엠마는 너무 황홀한 나머지 손님들 대부분이 자기를 본 척도 하지 않는다는 것을 깨닫지 못한다. 그날 저녁 절정의 순간은 '자작'이라고만 알려진 한 남자가 춤을 청했을 때였다.

집으로 돌아오는 길에 엠마는 당연히 자신이 더 나은 지위를 누려야 하는데도 일 년 내내 무도회에서처럼 살아갈 수 없다는 것에 무척 실망하며 괴로워한다. 엠마는 남편이 꼴불견에 하찮은 멍청이로 보였다. 실망에 사로잡혀 집으로 돌아온 엠마는 샤를르에게 짜증을 냈고, 분노가 폭발해 헌신적이고 일 잘하는 하녀를 해고했다. 엠마는 매일 무도회의 멋진 일들을 떠올리려 했지만 시간이 지날수록 기억은 점점 희미해졌다.

: 풀어보기

8장에서는 엠마가 꿈꿔왔고 책에서 읽었던 화려한 광경이 모두 눈앞에 펼쳐졌다. 엠마의 꿈이 현실이 된 것이다. 만찬, 성대한 무도회, 우아한 춤, 상류층 사람들의 대화, 여왕과 잠을 잤다는 늙은 귀족, 청년에게 추파를 던지는 젊은 부인 등등. 자작이 엠마에게 춤을 청한 것은 그녀가 자라온 환경보다 더 우월한 존재임을 보여주었다.

8장은 대부분 엠마에게 초점이 맞춰져 있다. 엠마가 귀족들과 자연스럽게 어울릴 수 있을 만큼 자질을 갖췄다는 것은 중요한 사실이다. 이해하지도 못하는 놀이를 다섯 시간 동안이나 멍청히 지켜보고 있던 샤를르와는 다르다. 엠마는 우아하고, 더 나아가 매력적인 모습으로 귀족들 틈에서 행동하고 있다. 사람들의 관심을 끌지는 못했지만 자연스럽게 어울리는 것 같다. 자작이 춤을 청한 것과 춤을 빨리 배우는 엠마의 능력은 그녀가 귀족 사회에 받아들여졌음을 말해 준다. 여기서 엠마가 성공한 것은 훗날 몰락하는 모습과 대비되면서, 궁지에 몰린 그녀가 더욱 애처롭게 보이도록 만든다.

샤를르가 발견한 담뱃갑도 기억해 두어야 한다. 엠마는 후에 그 담뱃갑을 보면서 무도회에서 벌어진 일들을 회상하고 담뱃갑이 자작의 것이라고 굳게 믿는다.

단조로운 일상으로 돌아온 엠마는 따분한 일을 반복하는 지루한 삶이 견디기 힘들고, 결국 무도회에 대한 공상에 빠지고 만다.

Chapter 9

새 도시로의 이주

엠마는 환상에 사로잡혀 파리에서 귀족들과 어울려 사는 꿈을 꾸었으며, 무도회, 파티, 연애, 그밖에 흥미진진한 일들이 끊임없이 일어나는 생활을 머릿속에 그렸다. 그녀는 소설과 여행기를 탐독했고, 파리의 지도도 연구했다. 그리고 상상 속에서 여행, 모험, 비밀스러운 만남, 연극이나 오페라 관람을 계획하며 많은 시간을 보냈다. 토트에서의 생활은 견딜 수 없을 지경에 이르렀고, 엠마는 샤를르를 더욱더 곱지 않은 시선으로 보게 되었다.

엠마는 화려한 전등갓이나 은으로 만든 물건 등으로 단조로운 생활을 조금이나마 멋지게 바꿔보려고 했다. 샤를르는 그런 점을 마음에 들어했으나 곧 이 해결책도 그녀의 갈망을 풀어주지 못했다. 이제 성에 초대되는 일은 없으리라는 생각이 들자 엠마의 절망은 더욱 깊어졌고, 우울증에 빠진 나머지 음악이나 그림, 그밖에 다른 일들도 모두 그만두고 말았다. 그녀는 자주 슬픔과 외로움을 느꼈으며, 긴 겨울 동안 상태는 더욱 심해졌다. 이룰 수 없는 꿈에 집착하고 소일거리도 만들지 않음으로써 불행과 자기연민을 키우는 것 같았다. 엠마는 대부분의 시간을 창가에 서서 마을 거리를 내려다보며 허비했다. 샤를르에게도 거의 말을 하지 않았다.

엠마의 상태가 갈수록 악화되면서 정신적 불안이 극과 극의 행동으로 나타나기 시작했다. 아주 활발하게 움직이는가 하면 무기력하고 게을러지기도 하고, 신경질적이고 인색하며 변덕을 부리고 성마르기도 했다. 어쨌든 행동은 항상 종잡을 수 없었으며 다루기도 힘들었다. 곧 몸마저 아프기 시작했다. 걱정이 된 샤를르가 치료하려 했지만 소용이 없다. 그는 엠마를 루앙으로 데려가 스승인 의학교수를 만났다.

이삿짐을 꾸리던 엠마는 마르고 색이 바랜 먼지 쌓인 노란색 부케에 손을 찔리자 그것을 난로불 속에 던지고 타들어가는 모습을 지켜보았다. 새 도시로 이사했을 때 엠마는 임신중이었다.

: 풀어보기

소설 전체를 놓고 볼 때 제1부의 마지막인 9장이 플로베르가 전달하려는 주요 주제와 의미를 가장 잘 보여주는 부분이라고 할 수 있다. 플로베르는 몽상과 덧없는 욕망에 모든 힘을 쏟아버린 여자가 얼마나 쇠약하고 무기력해질 수 있는가를 생생히 묘사한다. 9장의 첫 부분에서는 엠마가 무도회에서 벌어진 일들을 회상하면서 특정한 사건들에다 일어나지도 않은 새로운 사건들을 덧붙인다. 그리고 담뱃갑을 자작의 것으로 확신하고 자작이 파리에서 온갖 흥미진진한 생활을 하리라고 상상하며 기운을 낭비한다. 그런가 하면 파리 지도를 구입해 거리를 하나씩 따라가보며 쇼핑하는 상상을 하고, 파리에서 나오는 잡지의 정기구독을 신청하기도 하며 자작에 대한 몽상에 잠기기도 한다. 플로베르는 다른 삶을 추구하는 엠마의 채워지지 않는 욕망이 우리 모두에게도 있다는 것을 잘 보여준다. 엠마의 갈망을 보편화해 헛되고 하찮은 일을 간접적으로 시사하는 것이다.

엠마는 실제 환경과 꿈꾸었던 환경을 계속 비교하면서 현실을 더 이상 용납할 수 없게 된다. "가까운 곳에 있는 것일수록 생각은 점점 더 그것에서 멀어졌다." 꿈속에서는 매일 새롭고 신나는 일이 벌어지지만 토트에서는 매번 똑같은 일이 반복될 뿐이었다. 그래서 "그녀를 둘러싸고 있는 모든 것, 지루한 시골, 무식한 소시민들, 평범한 일상이 괴물이나 자기에게 달라붙은 액운 같은 것으로 보였다." 엠마는 삶을 조금 우아하게 바꿔보려고 열네 살 된 여자아이를 고용해서 '마님의 몸종'이 되도록 가르친다.

좌절과 갈망에 휩싸인 엠마는 피아노, 자수, 바느질, 집안일, 그밖에 유용한 활동에서는 손을 떼고 백일몽으로 시간을 낭비한다. 어떻게든 쓸모 있는 사람이 되려고 하지는 않고 다른 삶을 갈망하는 데 모든 힘을 쏟아 붓는 것이다. 무슨 일인가 일어나길 고대하는 그녀는 거의 비극적이라고 할 만큼 비참한 신세로 전락해 헛된 욕망에 자신을 소진하고 결국 몸마저 병들고 만다. 극단에 몰린 자기연민, 토트에서의 지루한 일상을 벗어나게 했던 잠깐 동안의 섬광 같은 감정변화, 그리고 그 숭고한 감정을 더 느끼고 싶은 강한 욕망이 그녀를 병들게 한 것이었다. 엠마의 인생이 비장한 것은 엠마가 샤를르

보다 더 감수성이 예민했지만 그에 걸맞은 배출구를 갖지 못했기 때문이다.

엠마의 참담한 심정은 부케를 발견하고 불태우는 장면에 상징적으로 드러나 있다. 한때 새롭고 벅찬 감정에 휩싸인 신바람 나는 인생의 상징이었던 꽃다발이 시들고 빛바랜 먼지 투성이의 물건이 되었다. 엠마는 꽃다발에 손가락이 찔린다. 결혼식 꽃다발을 태우는 것은 샤를르와의 결혼 생활 종료와 엠마의 불륜을 암시한다. 결혼 생활뿐만 아니라 이사를 함으로써 토트에서의 생활도 끝났음을 가리킨다.

제 2 부

Chapters 1, 2

엠마, 레옹을 만나다

용빌은 루앙에서 그리 멀지 않았고 경작지 중심에 자리 잡은 시장 마을이다. 주변 지역과 마을의 모습이 자세하게 묘사된다. 여관 주인 르프랑수와 부인, 여관의 하인들인 이베르와 아르테미즈, 세금징수원 비네, 약제사 오메 등 여러 주민들이 등장한다.

샤를르가 이사를 결정하기 전에 서신을 주고받았던 오메는 어느 정도 학식과 지위를 갖춘 거리낌 없고 우쭐대는 사내다. 그는 지식이 많거나 크게 세련되지 않은데도 그것으로 항상 사람들에게 강한 인상을 주려고 한다.

보바리 부부와 하녀 펠리시테는 매우 피곤한 여행 끝에 용빌에 도착한다. 여행 도중 엠마는 애완용이던 사냥개를 잃어버렸고, 언제나처럼 신경질을 부렸다.

샤를르와 엠마가 여관에서 저녁식사를 하는 자리에 오메가 자기 집 하숙인 레옹과 합석했다. 레옹은 마을 공증인의 서기로 수줍음을 많이 탔다. 식사를 하는 동안 오메는 과학과 마을 일에 대한 해박한 지식으로 위세를 부리며 샤를르에게만 신경을 썼고, 그러는 사이 엠마와 레옹은 대화를 나누었다. 그 역시 연애 소설의 열렬한 독자였던 레옹은 엠마의 낭만적인 생각들에 맞장구쳤고, 두 사람의 관계는 급진전했다. 그들이 나눈 이야기는 진부하고 상투적이었지만 그 자신들은 감성적이고 깊은 대화였다고 생각했다.

시간이 지나고 보바리 부부는 새 집을 장만한다. 엠마는 지금까지 살면서 불행스러웠던 장소들을 떠올리고 앞으로는 삶이 더 나아지리라고 기대한다.

: 풀어보기

플로베르는 용빌의 모습을 훌륭하게 묘사했는데, 이 부분은 사실주의 문학의 걸작이다. 거기에는 작은 마을의 볼품없는 모습이 모두 나타난다. 플로베르가 직접 말하지 않고 묘사를 통해 보여주는 것은 바로 용빌이 토트와 다를 바 없다는 점이다. 용빌은 토트만큼이나 단조롭고 일상적이며 지루한 마을이다. 이곳은 오랫동안 변한 것이 하나도 없으며 앞으로도 변하지 않을 것이다. 독자들은 엠마가 용빌에서도 이전만큼이나 우울해 하리란 것을 깨닫게 된다.

약제사인 오메가 처음으로 등장해 전형적인 인물로 발전한다. 여기서는 전형적인 인물의 몇 가지 특징을 알아보자. 첫째, 시대에 뒤떨어지지 않는다고 공언한다. 둘째, 교회를 우습게보고 전 세계의 진보적 사상가들과 어깨를 나란히 하는 것이 자신이 할일이라고 느낀다. 셋째, 많은 사실들을 쟁여두고 계속 언급하기를 즐기지만 독자가 보기에는 하찮은 일들에 불과하다.

레옹과의 만남은 엠마에게는 매우 흥분되는 일이다. 살면서 처음으로 문학, 음악 등에 관해 똑같은 생각을 하는 사람을 만난 것이다. 엠마는 이내 관심사가 같다는 것을 느꼈고, 두 사람은 곧바로 친해진다. 이 둘은 감수성 넘치는 깊은 대화라고 착각하고 있지만 실제로는 고리타분하고 지루하기 짝이 없는 내용에 불과하다.

Chapter 3

:줄거리 엠마의 출산

다음날 레옹은 하루 종일 엠마 생각뿐이다. 엠마와의 만남은 아주 특별한 사건이었기 때문이다. 부끄럼 많은 젊은이가 그토록 오랫동안 숙녀와 말을 나눈 것은 처음이었고, 자신의 언변에 스스로도 놀랄 정도였다.

그 이후로 오메는 다소 실속을 챙기려는 속셈은 있었지만 샤를르의 정착에 큰 도움을 준다. 그러나 병원일이 잘 되지 않고 금전적인 문제도 있었기 때문에 샤를르는 조금 우울하다. 이사하는 데 많은 돈을 쓴 데다가 토트의 집을 팔 때도 손해를 보았다. 조만간 아이도 태어날 것이다. 한편, 엠마를 닮은 아이가 태어나 자라는 모습을 지켜보며 사랑해 줄 생각을 하면 몹시 기쁘기도 하다.

엠마는 처음에 임신 사실을 알고 놀라지만 곧 익숙해진다. 출산 준비를 하다가 꼭 필요하다고 고집했던 아기용품들을 마련할 형편이 되지 않자 마음이 조급해지기는 해도 아이가 태어나기를 몹시 기다린다. 그녀는 아기가 사내아이이기를 바란다. 자유와 권력을 누리는 남자만이 자신을 항상 좌절시켰던 구속에서 벗어날 수 있다고 생각했기 때문이다.

여자아기가 태어났고 많은 고민 끝에 이름을 '베르트'라고 정했다. 성대한 세례식 연회가 벌어졌고, 샤를르의 부모가 한 달 간 용빌에 머물렀다.

어느 날 엠마는 유모의 집에 아기를 보러 가기로 한다. 산후조리 기

간이 지났는데도 엠마는 여전히 쇠약했고, 우연히 레옹을 만났을 때는 정신을 잃을 것 같았다. 그녀가 레옹에게 함께 가달라고 부탁하자, 그는 그러마고 대답한다. 저녁 무렵이 되자 보바리 부인이 체면 깎이는 일을 저질렀다는 소문이 마을 전체에 퍼졌다.

아기를 보고 난 엠마는 유모가 시시콜콜한 부탁을 늘어놓자 괴롭다. 그녀는 재빨리 필요한 것들과 심지어 유모의 남편이 마실 브랜디까지 주겠다고 약속한다. 엠마와 레옹은 강을 따라 한가로이 걸었다. 서로 많은 말을 주고받지는 않았지만 두 사람 모두 처음 경험하는 야릇한 기쁨과 깊이 통하는 감정을 느꼈다. 엠마를 바래다주고 난 레옹은 특히 용빌의 지루한 모습 속에서 환히 빛났던 엠마의 모습을 그려본다.

: 풀어보기

처음 임신 사실을 알게 된 엠마는 그것이 새로운 경험이 될 수도 있으리라 생각했다. 특히 사내아이라면 텅 빈 듯한 삶을 채워줄 것이라고 기대했지만 여자아이가 태어나자 곧 아이에 대한 흥미를 잃고 만다. 다시 한 번 엠마의 변덕과 삶의 어떤 것에도 관심을 두지 못하는 기질이 드러나는 부분이다. 아기에 대한 엠마의 반응은 샤를르와는 딴판이고, 그 차이는 멀어지는 부부 사이를 강조해 준다. 샤를르는 자기가 아이의 출생을 통해 인간이 경험할 수 있는 모든 과정을 거치게 되는 것이라고 생각했다.

레옹에게 동행을 부탁하는 엠마의 경솔한 행동은 불륜

의 전조가 된다. 독자는 엠마의 성격이 매우 급하다는 것도 알게 된다. 이런 성격도 생각 없는 행동을 계속 저지르는 데 일조한다.

엠마와 유모의 충돌을 통해 나중에 그녀가 빚쟁이 상인들을 다루는 모습을 미리 보여주고 있다. 엠마는 유모의 요구를 대화로 풀기보다는 모두 들어주려 한다. 훗날 엠마가 재정적인 어려움을 겪게 되는 이유는 급한 성격과 자신에게 필요한 것을 제대로 파악하지 못한 데서 기인한다.

Chapters 4, 5

자신의 감정을 확인하는 엠마

겨우내 엠마가 가장 선호하던 소일거리는 창가에 앉아 거리를 내다보는 것이었다. 레옹이 지나가는 모습을 자주 볼 수 있었고, 그럴 때면 새롭고 낯선 감정을 느꼈다.

오메는 길 건너편에 살았는데, 특히 끼니때 자주 찾아왔다. 그는 샤를르의 환자들에 대해 뒷말하기를 좋아했고, 샤를르와 과학, 철학, 정치를 즐겨 논했다. 이야기를 하는 쪽은 주로 오메였다.

일요일에는 으레 보바리 부부가 오메 가족을 찾아갔다. 그 자리에는 항상 레옹도 참석했고, 그와 엠마 사이에는 급속한 유대관계가 형성되었다. 다른 사람들이 카드놀이를 하거나 꾸벅꾸벅 조는 동안 그들은 나란히 앉아 유행이나 책에 관해 이야기를 나누었다.

레옹은 점점 혼란스러워졌고, 엠마와의 만남이 괴로웠다. 그는 엠마가 자신의 감정에 응해 줄지 확신이 서지 않았다. 그리고 사랑의 감정을 털어놓지 않으면 엠마가 불쾌해 하지 않을까, 걱정하면서도 고백할 용기는 나지 않았다.

2월의 어느 일요일, 오메 부부와 아이들, 보바리 부부와 레옹은 야외로 나들이를 갔다. 엠마는 레옹을 관심 있게 지켜보고는 샤를르의 평범한 외모와 성격에 질렸다는 확신이 선다.

그날 밤 엠마는 문득 레옹이 자신을 사랑한다는 것을 깨닫고 기뻐하면서도 두 사람을 갈라놓은 잔인한 운명을 한탄하기 시작한다. 그 주 후반에 레옹이 시원찮은 핑계를 대며 엠마를 찾아왔다. 두 사람은 수줍어했고, 서로에게 감정을 털어놓기가 어려웠던 나머지 주고받는 대화 역시 공허했다.

시간이 흐를수록 엠마는 걱정 때문에 여위기 시작했다. 그녀는 레옹에 대한 사랑을 음미하고, 만족스럽지는 않지만 현명하고 정숙한 아내의 역할과 대비시키면서 달콤한 쾌락을 맛보았다. 그녀는 자신이 부부의 정조에 희생된 순교자라고 생각했다. 엠마는 다시 신경질적으로 변했으며 자신의 고통을 눈치 채지 못하는 샤를르의 태평함에 절망했다. 그녀는 자신의 모든 고통을 남편 탓으로 돌리는 반면, 자기 자신이나 자신의 행동에 대해서는 지나치게 관대했다. 레옹과 멀리 도망가는 꿈도 꾸었지만 레옹이 정말 자기를 사랑하기는 하는지 의심도 갔다. 엠마는 샤를르가 차라리 잔인한 남편이었으면 하고 바랐다. 그러면 바람을 피우더라도 핑계거리가 있을 테니까. 그녀는 신경질과 초조함 때문에 자주 울음을 터뜨렸다.

어느 날 엠마가 레옹을 생각하고 있을 때 직물상인 뢰르가 찾아와 스카프, 장신구 등의 물건을 보여주었다. 그는 돈이 필요하면 언제든지 빌려줄 수 있다고 넌지시 언질을 준다.

: 풀어보기

엠마는 레옹에 대한 사랑을 깨닫고 이상적인 아내, 엄마, 주부 노릇으로 이룰 수 없는 사랑을 보상받으려고 한다. 그러나 모범적인 아내의 역할을 하면서도 "그녀는 탐욕과 분노와

증오로 가득 차 있었다."

4장과 5장에서 플로베르는 엠마와 레옹 사이에 싹트는 사랑을 보여준다. 이 사랑은 제3부에 가서야 끝나게 된다. 사랑에 빠진 엠마는 남편을 더욱 경멸하고, 채워지지 않는 사랑을 보상받기 위해 성실한 아내로 변했다가 결국 절망에 빠지고 만다. 이는 불안함과 극과 극을 오가는 심리상태를 강조하면서, 병에 걸려 결국 자살에 이르게 되리라는 것을 암시한다.

뢰르가 처음으로 등장한다. 그는 비양심적인 인물로 엠마의 약점을 악용하는 대부업자다. 그리고 아첨꾼이면서 엠마에게 자살 원인을 제공하기도 한다.

Chapter 6

레옹과의 이별

어느 날 저녁, 성당의 종소리가 울려 퍼지자 엠마는 어린 시절과 수도원 시절을 떠올린다. 그녀는 종교적 헌신을 통해 자주 위안을 받았던 일을 생각해내고 성당으로 향한다. 현재 겪고 있는 문제를 해결하고 마음의 평화를 얻어보려는 심산이다.

엠마는 성당 입구에서 교리문답을 들으러 온 말썽꾸러기 아이들을 다루고 있는 부르니시엥 신부를 만난다. 그녀는 사제에게 정신적인 도움이 필요한 상태임을 알리려 했지만 사제의 관심은 말썽을 피우는 아이들에게 더 쏠려 있다. 그리고 엠마의 말을 듣기보다는 교구에서 벌어지는 문제들을 말하는 데 더 관심이 있었다. 엠마는 자신이 처한 곤경을 여러 차례 설명하려고 했지만 소용이 없다. "아아, 어쩌면 좋아. 어쩌면 좋아." 이내 신부는 엠마가 몸이 불편하다고 생각했고 빨리 집으로 돌아가 차를 한 잔 마시라고 권하고는 갑자기 생각난 듯 말했다. "제게 뭘 물어보려고 하지 않으셨나요? 그게 뭐였지요? 생각이 나질 않네요." 엠마는 아무 일도 아니라고 대답하고, 아이들에게 교리문답을 가르치려고 자리를 뜨는 신부와 헤어졌다.

엠마는 여전히 신경질적이고 긴장한 상태다. 그날 저녁 모든 것이 귀찮아진 그녀는 딸아이를 밀쳐버렸고, 넘어진 베르트는 상처를 입는다. 엠마는 큰소리로 도움을 청하고, 아이가 놀다가 다쳤다고 말한다. 잠시 소란이 있고 나서 샤를르와 무슨 일이 벌어지기만 하면 나타나는 오메가 엠마를 진정시키고 베르트의 상처를 돌보았다.

레옹은 용빌에서 지내는 처지가 혼란스럽고 견딜 수가 없다. 엠마를 좋아하지만 유부녀를 사랑해 봤자 미래가 보이지 않았다. 그는 오랫동안 별러오던 법률 공부를 계속하기 위해 파리로 가기로 마음먹는다. 대도시에서 혼자 지낼 생각을 하니 겁도 났지만 그 외에 달리 선택의 여지가 없다. 얼마 후에는 기쁜 마음으로 파리에서 집시와 같은 멋진 모험을 경험하는 상상을 하기 시작한다.

레옹은 떠날 준비를 했고, 드디어 출발하는 날이 다가왔다. 엠마에게 작별인사를 할 때 두 사람은 말을 아끼고 수줍어했지만 서로의 눈짓과 몸짓은 많은 감정을 전달했다. 레옹이 가고 나자 오메와 샤를르는 위험하고 유혹이 많은 도시 생활에 대해 이야기를 나눈다. 엠마는 잠자코 듣고만 있다.

: 풀어보기

엠마는 수도원에서 마음의 위안을 얻었던 때를 떠올리지만 그곳 생활도 무척 불만스러웠다는 것은 기억하지 못한다. 그녀는 사실 텅 빈 자신을 채워주고 마음을 사로잡아서 현재의 비참함에 더 이상 골몰하지 않도록 해줄 무언가를 찾고 있다. 다시 말해 현실 세계의 대용물로서, 그리고 현재의 고통을 잊는 방법으로 종교를 이용하는 것이다.

엠마와 사제가 만나는 짧은 장면에서 플로베르는 매우

교묘한 방법으로 교회를 신랄하게 비난한다. 사제는 하찮은 일에 정신이 팔려 엠마의 고통을 알아차리지 못했고, 그녀에게 필요한 것은 영적인 도움이 아니라 차 한 잔이라고 생각했다. 자잘한 일에 충실한 나머지 결국 사제로서의 더 위대한 사명을 간과했던 것이다.

6장에서는 레옹과 엠마의 사랑이 육체적으로 맺어지지 못하고 이별로 끝을 맺는다. 그러나 서로에 대한 끌림은 오래 지속되었고, 엠마가 둘의 관계에 대해 많이 생각할 시간을 주었다. 그리고 이 같은 상황은 다음 사람을 만날 때 더욱 쉽게 마음을 열도록 만드는 촉매가 된다. 엠마는 레옹에게 사랑을 알리지 못한 소심함을 후회했고, 따라서 로돌프가 접근했을 때는 그것을 솔직히 받아들일 마음의 준비가 갖춰져 있었던 셈이다. 엠마와 레옹이 이런 식으로 계속 세상살이를 배워나가면 다음에 만날 때는 부끄러움과 수줍음이 많이 없어질 것이다.

Chapter 7

: 줄거리

로돌프의 등장

레옹이 떠나고 난 후 엠마의 속앓이가 시작된다. 그녀는 정처 없이 헤맸고, 자주 우수에 잠겼다. 모든 상상 속 주인공으로 레옹이 등장했으며, 함께 산책하고 나눴던 대화들이 떠올랐다. 그녀는 레옹의 사랑에 대답하지 않은 자신을 책망했으며, 모든 생각이 레옹을 향했다. 슬픔에 잠긴 엠마는 토트에서처럼 이상하고 예측할 수 없는 행동을 다시 시작했다. 기분은 시시각각 변했으며 현기증이 자주 나고 신경질이 많아졌다.

어느 날 로돌프 불랑제라는 잘생기고 돈 많은 영주가 아픈 하인 한 명을 데리고 샤를르 앞에 나타났다. 그는 엠마를 보자 이내 아름다운 외모와 숙녀다운 몸가짐에 매력을 느꼈다. 로돌프는 멋지기도 했지만 거칠고 약삭빠른 면도 있었다. 그는 즉각 엠마를 유혹하기로 작정하고 계획을 세우기 시작했다.

: 풀어보기

엠마는 오랜 우울증과 레옹을 놓친 후회 때문에 아프기 시작한다. 그리고 샤를르에게 충실하기 위해 큰 희생을 치렀다고 생각하면서 낭비를 일삼는다. 나중에 막대한 빚을 지게 만든 낭비벽과 같은 경우에 해당한다.

엠마의 돌출행동에 다시 한 번 주목하자. 엠마는 무언가를 하다가 내버려두고, 다시 다른 것을 하다가는 또 그만둔다. 그녀는 만족을 모른다. 엠마의 행동이나 외모에 대한 작가의 묘사를 보면 모순적이게도 엠마가 궁정연애의 전형에 정확히 들어맞는다는 것을 알 수 있다. '우수에 찬 자태'와 '전신에 핏기가 없고 빨래처럼 새하얀 모습', 현기증 등은 모두 궁정연애의 전통적인 특징이며, 실연 혹은 채워지지 않은 사랑의 상징들이다.

엠마는 어쩔 수 없는 중산층 부인이지만 그 이상이기도 하다. 어떻게 보면 마을에서는 돋보이는 존재다. 다른 사람들과는 달리 보다 고상하고 순수한 감정이 있다는 것을 어렴풋이나마 알고 있기 때문이다. 비록 그녀가 바로 그것으로 인해 비극을 맞더라도 그 깨달음이 엠마를 더 높이 평가하는 바탕이라고 하겠다.

로돌프는 엠마가 어떤 사람인지 곧 알아차린다. 그는 엠마의 권태를 간파하고, 남편과 현재의 삶을 싫어한다는 것과 '사랑을 갈구'하며 불륜에 빠질 준비가 되어 있다는 것을 눈치 챈다. 그러나 엠마가 레옹과 연인이 되지 못했음을 후회한다는 사실은 모른다.

Chapter 8

: 줄거리 농사공진회

이 무렵 용빌에서는 센엥페리외르 도청의 연례 농사공진회가 열린다. 모두가 큰 기대를 품고 공진회를 기다렸다. 마침내 고대하던 날이 다가오자 용빌은 주변의 농장과 마을에서 온 방문객들로 들끓었다. 다양한 전시회와 가축 품평회가 열렸고, 모든 것이 축제 분위기였다. 그날 가장 중요한 사건은 지사 대리인이 맡은 연설과 시상이었다.

로돌프는 용의주도한 계획에 따라 엠마와 친해지기 위해 공진회 날의 잔치 분위기를 이용한다. 그와 엠마는 함께 걸어 다니며 담소를 나눴다. 로돌프는 기회가 생길 때마다 엠마에 대한 감정을 넌지시 표현했다. 그는 서서히 단둘만 있을 수 있는 시청 쪽으로 엠마를 데려갔다.

그러는 사이 지사의 대리인이 도착했다. 사람들은 지사가 직접 오리라고 기대했지만 대리인이 와준 것도 감지덕지다. 경비대와 소방대원들은 갑작스런 "받들어 총" 구령에 총을 잡으려고 허둥대다가 결국 모든 것이 뒤죽박죽되었다. 대리인이 정부에 대해 연설을 하자 로돌프는 엠마에게 자신의 감정을 암시하기 시작했다. 도덕과 정부에 관한 연설이 계속되는 동안 로돌프는 사랑을 고백했고, 자신의 감정이 평범한 도덕심보다 더 숭고하다는 점을 강조하기 시작한다. 그리고 대리인이 시상을 하는 동안에는 그럴듯한 언변으로 엠마에 대한 사랑을 계속 설명했다.

시상이 끝나자 두 사람은 헤어졌다가 밤이 되어 연회와 불꽃놀이가

벌어졌을 때 다시 만난다. 엠마는 로돌프의 관심에 우쭐했지만 정숙한 유부녀로서 경건한 생각을 한다는 듯이 행동했다. 폭죽이 터지자 엠마는 로돌프를 지켜보았다. 그녀는 폭죽이 젖었는지, 발사가 되지 않았는지는 알지도 못했다. 후에 오메는 그날 있었던 모든 행사에 대해 열변을 토하는 글을 기고했다.

: 풀어보기

미숙한 독자들은 8장이 얼마나 훌륭한지 간과하기 십상이다. 플로베르의 위대함을 논할 때 자주 거론되는 부분이 바로 8장이다. 다시 한 번 읽어보고 다음과 같은 점들을 관찰해 보는 것도 좋을 듯하다. 비교 묘사된 것들이 얼마나 많은지, 언뜻 보기에는 매우 단순한 묘사인 것 같지만 그런 부분에서 어떻게 미묘한 모순을 사용했는지, 얼마나 세밀하게 행사를 묘사했는지, 늙은 여자 농부가 수상한 금메달과 허풍스러운 고위 인사들에 대한 기묘하지만 강렬한 묘사들은 어떠했는지, 엠마가 상징적 사건들 속에서 자신의 서글픈 삶을 무의식중에 깨닫게 한 암시 기법은 어떠했는지 등이 흥미로울 것이다.

● **비교와 묘사 기법**: 훌륭한 장면이 워낙 많지만 딱 한 장면만 언급해도 충분할 것이다. 8장의 첫 부분에서 플로베르는 행사를 위해 한자리에 몰아놓은 가축들을 묘사하고 있다. 이 자세한 묘사의 대부분은 동물의 세계가 이야기가 진행되는 인

간의 세계와 같다는 것을 상징적으로 암시한다. 가축들의 묘사는 뒷부분에서 사람들에 대해 묘사된 방법과 똑같다. 예를 들어, 가축과 사람은 모두 좁은 공간에서 코를 맞대고 땀을 뻘뻘 흘리며 음식을 마구 먹어대고 있다. 가축은 사람처럼, 사람은 가축처럼 묘사되었다고 말할 수 있을 정도다. 이는 플로베르가 말하고자 하는 인간의 본성을 더욱 강조해 준다.

● **모순 기법**: 지사 대리인의 연설은 상투적이고 과시적인 진부한 표현으로 가득 차 있다. 연사는 오랫동안 다른 연사들이 해왔던 말들만 늘어놓았을 뿐인데도 사람들은 요란한 박수갈채를 보냈다.

시상식이 벌어지고 있는 가운데 로돌프가 엠마에게 하는 말은 모순의 백미다. 늙은 여자 소작농이 54년간 성실하고 충직하게 하인으로서 일한 대가로 상을 탔다. 그때 엠마는 남편의 믿음을 배반하기로 마음먹고 로돌프와 불륜을 시작한다. 더구나 로돌프는 그 누구와도 오랫동안 충실한 관계를 맺을 수 없는 인물이다.

"나는 당신과 함께 있었습니다. 도저히 떨어질 수 없었으니까요"라는 로돌프의 거짓 사랑 고백이 퇴비 부문 일등상이 시상되는 동안 나온 것도 흥미롭다. 로돌프의 말은 퇴비처럼 썩은 것이었지만 엠마는 그것을 깨닫지 못한다.

● **암시**: 뢰르가 어떤 사람에게 파산 원인을 제공했다는 대화를 통해 독자는 엠마가 뢰르와 거래하면 어려움을 겪게

되리라는 것을 미리 알 수 있다. 뢰르는 감언이설에 능하고 비굴한 인간으로 묘사된다.

사람들이 행사를 준비하면서 낭비하는 엄청난 힘은 엠마가 전체 이야기가 진행되는 동안 얼마나 많은 힘을 낭비하는지를 가리킨다.

엠마가 낡은 합승마차 '제비'가 마을로 들어서는 모습을 보는 장면은 이야기 뒷부분에서 엠마가 타락하고 레옹과 연루되는 것을 암시한다. 이 마차가 나중에 불륜에 쓰이기 때문이다.

행사 전체에서 오메가 맡은 역할과 행사가 끝난 후 기고한 글은 우스꽝스러운 부조리의 절정을 보여준다. 행사를 종합해 볼 때 대실패는 아니었지만 성공한 것으로 볼 수도 없었다. 고위 인사는 늦게 도착했고, 그것도 지사의 대리인에 불과했다. 그리고 지사 대리인에 대한 경비대와 소방대의 경례도 엉성하기 짝이 없고 혼란스럽고 우스꽝스러웠다. 연설은 지루했으며 좌석도 충분하지 않았다. 축제는 길고 시끌벅적했으며 진행도 엉망이었고 관람객으로 북새통을 이루었다. 폭죽은 습기를 먹어서 발사되지 않았고, 폭죽을 쏘아 올리는 동안 비까지 내렸다. 그러나 신문에 기고한 오메의 글은 완전한 거짓에다가 과장은 희극의 극치였다. 오메가 '기회가 있을 때마다 바른 말을 한다'는 묘사는 모순이다.

Chapters 9, 10

: 줄거리

깊어지는 불륜

6주 동안 로돌프는 엠마를 만나지 않았다. 이만큼 간격을 둔 것도 계획이었다. 그는 "떨어져 있으면 정이 더 깊어진다"는 이론에 따라 행동한 것이다. 엠마의 성격을 주의 깊게 분석한 그는 그녀의 좌절감과 약점들을 이용하기로 마음먹었다.

로돌프가 보바리 부부의 집을 방문했을 때 엠마는 별다른 반응을 보이지 않았다. 엠마는 로돌프 생각을 자주 했지만 그가 관심을 보이지 않자 모욕감을 느꼈다. 그러나 로돌프는 사랑의 속삭임에 매우 능했기 때문에 엠마는 불쾌한 듯이 행동했던 것을 이내 잊어버리고 흥분했다. 샤를르가 들어오자 로돌프는 엠마에게 승마가 좋겠다고 제안하고 말 한 필을 빌려주겠다고 했으나 엠마가 거절한다. 로돌프가 떠난 후 샤를르는 로돌프의 제안을 받아들이라며 아내를 설득했고, 심지어 말을 빌려달라고 부탁하는 편지를 직접 쓰기까지 한다.

다음날 엠마와 로돌프는 함께 승마를 한다. 로돌프는 아름다우면서도 인적이 없는 근처 숲으로 엠마를 데려갔다. 말에서 내리자 로돌프는 다시 사랑을 고백했다. 엠마는 로돌프의 열성에 놀랐고 이내 올바른 생각은 모두 잊고 그에게 빠져들었다. 집에 돌아온 엠마는 그날 밤 기쁨에 젖었다. 새로운 행복을 맛본 그녀는 항상 부러워하고 동경했던 소설 속의 대담하면서도 낭만적인 여자 주인공들과 자신을 동일시했으며, 믿기지 않는다는 듯이 "내게 애인이 있어. 애인이"라고 끝없이 되뇌었다.

그날 이후 엠마와 로돌프의 불륜은 급진전했다. 두 사람은 자주 연애 편지를 교환했고, 몰래 만나기도 했다. 로돌프는 항상 엠마의 생각을 꿰뚫어보았다. 엠마는 로돌프를 놀라게 하고 그와 조금이라도 더 함께 있으려고 샤를르가 잠들어 있는 새벽녘에 집을 빠져나오곤 했다.

얼마 후 노련하고 현실적인 로돌프는 엠마의 경솔한 행동이 걱정스러워지기 시작했다. 그는 엠마가 손가락질 당할까봐 걱정이 된다면서 우려를 전달했고, 엠마도 곧 겁을 먹었다. 그녀는 죄책감에 시달리기 시작했다. 두 사람은 편지를 감췄고, 샤를르가 깊은 잠에 빠지면 로돌프가 밤에 엠마의 정원으로 찾아오거나 심지어는 집 안에서도 만났다. 로돌프는 일주일에 몇 번씩이나 엠마를 찾아갔다.

로돌프는 가끔 엠마가 너무 낭만적인 환상을 품고 있는 것에 거부감을 느꼈고, 혹시 어리석은 생각으로 경솔하고 비현실적인 행동을 하면 어쩌나 하고 두려웠다. 그는 관계를 정리해야겠다고 생각했지만 엠마의 육체적인 매력 때문에 자꾸 미루기만 했다. 엠마의 사랑이 걱정스러울 정도가 되자 로돌프는 그녀의 진심을 냉소적으로 의심했고, 그녀를 이용하거나 버려야겠다는 비양심적인 생각도 품었다. 한편, 엠마는 로돌프를 그 누구보다 사랑하는 천생연분이라고 생각했고, 자신의 모든 것을 맡겼다.

시간이 흐르자 엠마는 결혼과 불륜에 불행해 했다. 그녀는 종종 의무를 저버렸으며, 죄책감이 들면 잠깐씩 분주하게 움직이거나 모성애를 느끼곤 했다. 계속해서 죄책감에 시달리던 그녀는 잠시 후회를 하고 새로운 삶을 살겠다고 다짐까지 해본다. 로돌프에 대한 감정이 사그라지지 않은 상태에서 자신을 희생시켜 죄책감을 덜어보려는 가학적인 결정으로 야릇한 쾌감을 느낀다. 엠마는 불륜을 끝내기 위해 로돌프를 냉정하게 대했고, 샤를르를 사랑하고 보필하기로 다짐한다.

: 풀어보기

엠마는 낭만을 갈망하는 여자다. 제1부 6장과 7장에서 독자는 엠마가 '모르는 것이 없고, 여러 가지 재주에 능하고, 넘치는 열정, 세련된 생활, 온갖 신비로운 것들로 인도해 주는 능력'이 있는 남자를 꿈꾼다는 것을 알았다. 그런데 6주 동안 모습을 보이지 않던 로돌프가 찾아와서 '지금까지 한 번도 들어보지 못한' 말들을 속삭이자 그녀의 낭만적인 꿈이 실현된다. 실제로 로돌프는 빛나는 갑옷을 입은 기사가 아니라 서른네 살의 농장 지주에 불과하지만 오랫동안 권태롭게 살아오면서 탈출을 기다려왔던 엠마에게는 꿈을 실현시켜준 것이나 마찬가지다. 로돌프에게 마음을 준 후에는 알고 있는 소설 속의 여주인공들을 모두 떠올리고, 숲 속에서 일어났던 보잘것없는 유혹과 여주인공들의 모험을 비교해 본다. 그녀는 자신의 사랑이 연애소설에서 각색된 이야기의 '정열, 희열, 흥분'을 모두 담고 있다고 확신했고, 그 초라한 연애를 소설 속 이야기와 짜 맞추려고 했다. 엠마는 연애편지를 비밀 장소에 감춰야 한다고 고집을 피웠다. 또 말도 안 되는 하찮은 사건들에 대해 로돌프를 위로하고, 샤를르가 들어오는 소리를 듣고 로돌프가 자기방어를 위해 총을 잡는 상상을 한다. 그리고 모형, 머리카락, 반지까지 교환하자고 한다. 로돌프도 엠마가 자신들의 관계에 얼마나 감상적으로 집착하는지 깨닫는다.

엠마는 루돌프가 자기를 예쁜 정부로 이용해 먹을 뿐이라는 사실은 모른다. 이제는 샤를르의 진료실에서 불륜을 저지르고 있지만 그것이 허상임을 깨닫지 못하고 위대한 사랑으로 몰아가려 한다.

로돌프의 승마 제안을 받아들이도록 엠마를 설득해 불륜에 이르도록 만든 것이 바로 샤를르라는 점은 역설적이다. 샤를르가 첫 번째 부인을 끔찍이 싫어했기 때문에 엠마의 허물을 보지 못하는 것이다.

9장은 로돌프가 엠마에게 자기 집으로 찾아오면 엠마의 평판에 좋지 않으리라고 충고하는 것으로 끝난다. 이는 로돌프가 엠마를 거부한다는 것을 암시한다. 독자는 이 관계가 짧은 사랑 놀음에 지나지 않는다는 것을 알고 있었지만 로돌프가 엠마의 입장을 상기시켜주는 장면을 통해 그녀에게 싫증이 나기 시작했다는 것도 알게 된다.

Chapter 11

어리석은 수술

어느 날, 루앙에 사는 의사가 안짱다리를 치료할 수 있는 획기적이고 새로운 수술 방법을 발표했다는 소식이 전해졌다. 엠마와 오메는 여관집 사환으로 불구인 이폴리트에게 새로운 수술법을 시도해 보라고 샤를르를 부추겼다. 엠마는 이 방법으로 샤를르가 출세함으로써 좋은 아내가 되려는 바람을 충족시키고 싶어했다. 엠마는 부자가 되면 어떨까 하고 많은 상상을 했으며, 샤를르가 성공하면 얻게 될 명성도 부풀려 꿈꾸었다. 오메는 수술에서 차지하는 역할로 개인적 명성을 누릴 것이고, 치료 소문이 퍼지면 사업이 더 번창할 것으로 기대했다. 오메나 엠마 중 그 누구도 수술의 안전성이나 이폴리트의 건강에는 별로 신경 쓰지 않았다.

샤를르는 신기술을 믿지 않았고 협조하고 싶지도 않았지만, 엠마와 오메의 압력에 결국 굴복하고 만다. 더구나 시장을 포함해서 마을 주민들 대부분이 신기술을 맹신하고 있었다. 그것이 얼마나 이득이 될지 오메에게 이미 설득당했기 때문이다. 주민들의 경솔한 부추김은 샤를르가 수술 준비를 마칠 때까지 계속되었다. 수술에 잔뜩 겁을 먹고 어찌할 바를 모르던 어수룩한 젊은이 이폴리트는 용빌과 과학을 위해 기꺼이 몸을 바치도록 설득당했다.

여관집에서 실시된 수술은 오메와 샤를르가 담당했다. 처음에는 수술이 성공한 것처럼 보였지만 이폴리트는 곧 엄청난 고통에 시달렸고, 다리가 썩고 있다는 것이 밝혀졌다. 샤를르는 무척 괴로웠고 어찌할 바를 몰라 다른 마을 의사를 불렀다. 그는 샤를르에게 어리석은 수술을 했다며 가혹하게 훈계했고 환자의 다리를 절단했다. 오메는 자기 책임을 완전히 부인했고, 엠마는 다시 한 번 입증된 샤를르의 어리석은 무능에 혐오감을 느꼈다. 아무도 눈치 채지 못했지만 샤를르가 전적으로 잘못한 것은 아니었다. 실험도 거치지 않고 믿을 수 없는 '치료법'을 발표해 버린 그 의사에게도 어느 정도의 잘못이 있는 것이다.

샤를르와 엠마는 이 사건 때문에 우울했지만 그 이유는 서로 달랐다. 샤를르는 자신이 저지른 일이 부끄러웠고, 무책임했다고 느꼈다. 엠마는 샤를르를 믿었다는 것을 자책했고, 모든 책임을 남편에게 돌렸다. 다시 로돌프에 대한 열정이 타올랐고, 그날 밤 오랜만에 그를 만났다. 단순한 샤를르는 엠마의 우울증이 자기에 대한 연민 때문이라고 오해하며 그녀의 충실한 모습이 고마웠다.

: 풀어보기

11장에서는 불륜이 진행되지 않고 있다. 10장 마지막 부분에서 엠마는 로돌프에 대한 사랑을 후회하기 시작했다. 이제 엠마는 남편에게로 돌아섰고, 오메가 수술을 제안하자 만약 샤를르가 유명해지면 존경할 수도 있으리라는 생각에 수술을 부추긴다. 그러는 동안 오메와 엠마는 샤를르도 이폴리트도 염두에 두지 않았고, 수술을 통해 어떻게 유명세의 덕을 볼 수 있을까만 궁리했다. 독자는 샤를르가 그런 수술을 감당할 능력이 되지 않는다는 것을 알고 있으며, 엠마도 나중에 그것을 깨닫게 된다. 샤를르가 수술을 수락한 것은 순전히 엠마와 오메가 몰아세웠기 때문이다. 엠마는 수술이 실패하자 자신의 정절을 후회했다. 다시 말해, 샤를르의 무능과 어리석음이 비난의 여지없이 그녀의 불륜에 정당성을 부여하는 것이다. 결국 이 사건을 계기로 엠마는 샤를르의 무능을 확인하고 불륜을 정당화하게 된다.

수술 장면, 썩은 다리와 악취, 군중의 호기심과 고통스러워하는 이폴리트의 모습은 모두 훌륭하게 묘사되었다. 수술이 끝난 직후 쓴 오메의 글에 나타난 부조리는 8장에서 나온 농사공진회를 설명하던 글과 다를 바가 없다.

Chapters 12, 13

로돌프의 이별 통보

엠마와 로돌프의 관계가 다시 시작되었고, 더욱 강렬하게 발전했다. 엠마는 로돌프에 대한 열정이 커질수록 샤를르를 더 싫어하게 되었고, 언젠가 그를 떠나겠다고 넌지시 말하기 시작한다. 그녀는 로돌프와 같이 있지 않을 때면 지루함에 고통스러워했고, 샤를르의 모든 버릇과 행동이 신경에 거슬렸다. 엠마는 불행한 결혼에 빠진 자신을 가엾게 여기기 시작했고, 물질적 욕구를 채우면서 위안을 삼곤 했다. 그녀는 교활한 상인 뢰르에게 손쉬운 먹잇감이었다. 그는 능력 없는 엠마를 구워삶아 많은 물건을 사도록 만들었다.

반면, 로돌프는 엠마에게 싫증을 느끼고 있었다. 그녀의 참신한 사랑은 약발이 떨어져가고 변덕에도 질렸다.

샤를르의 어머니가 집을 찾아왔고, 그녀와 엠마는 여느 때처럼 언쟁을 벌였다. 샤를르의 설득에 엠마가 사과한다. 이 일 때문에 억울해 하던 엠마는 그날 밤 로돌프를 만나자 자신을 이 모든 고통에서 벗어나게 해달라고 부탁한다. 로돌프가 그녀의 딸에 대해 상기시키자, 엠마는 이런저런 궁리 끝에 아이를 데려가기로 결정한다.

그 후 며칠 동안 샤를르와 그의 어머니는 엠마에게 일어난 변화에 놀라면서도 기뻐한다. 얌전하고 고분고분해져서, 딴사람이 된 것 같았다. 그러나 엠마는 로돌프와 몰래 만나고 다니며 달아나 새 인생을 시작할 계

획을 세우고 있었다. 그 계획으로 마냥 행복에 부푼 엠마는 더 환하고 자상해졌다. 그녀가 너무 상냥하고 사랑스러워서 샤를르는 신혼을 떠올렸고, 아내와 딸에 대한 사랑이 더욱 깊어졌다. 그러나 엠마의 생각은 늘 저 멀리 이국의 땅과 모험을 꿈꾸었다.

로돌프가 차일피일 미루었음에도 불구하고, 결국 떠나기 위한 마지막 계획이 세워졌다. 두 사람은 각자 용빌을 떠나 루앙에서 만난 후 파리로 가기로 했고, 떠나기 전날 밤, 엠마네 정원에서 만나 마지막으로 계획을 정리했다. 엠마는 들떠 있었고 그 어느 때보다 아름다워 보였으나 로돌프는 신중하고 생각에 잠긴 모습이었다. 엠마와 헤어진 로돌프는 잠시 번민했다. 그리고 엠마와 함께하는 삶의 문제와 무게를 육체적 쾌락을 위해 감당할 수는 없다는 결정을 내렸다.

그날 밤 로돌프는 책상에 앉아 그간 알았던 수많은 여자들에 대해 한

동안 생각에 잠겼다. 그는 혼란스런 마음을 뒤로 하고 복잡한 문제를 최소화하면서 불륜을 끝내려고 편지를 썼다. (거짓말이지만) 엠마를 무척 사랑했으며, 사랑하기 때문에 그녀를 떠난다. 자신이 엠마에게 해줄 수 있는 것이라고는 고통과 불명예뿐이고 그런 것을 견딜 수 없다. 그리고는 이 글이 진실에서 그렇게 많이 벗어난 것은 아니라고 생각했다. 그는 편지에 상당히 만족해 하면서 잠을 청했다.

다음날 아침, 편지를 받은 엠마는 충격 때문에 정신을 차릴 수가 없다. 정신이 혼미했던 그녀는 다락방에서 이별을 고하는 편지를 떨어뜨리고는 까맣게 잊어버린다. 로돌프가 엠마를 보호하기 위해 용빌을 떠난다고 한 후 얼마 지나서 엠마는 그의 마차가 지나가는 것을 보았다. 그녀는 자기가 겪은 일로 심장에 비수가 꽂히는 것 같다. 엠마는 큰 비명을 지르고는 기절한다.

엠마는 심하게 앓는다. 43일 동안 고열과 착란에 시달리고, 종종 죽을 고비도 넘긴다. 샤를르는 아내 곁을 떠나지 않았고, 아내를 간호하기 위해 모든 일을 팽개쳤다. 루앙에서 의사들을 불러왔고, 엠마를 치료하기 위해 안 해본 일이 없었지만 오랫동안 아무것도 효과가 나지 않았다.

10월경 엠마는 기운을 차리기 시작했다. 여전히 기절도 하고 기운이 없는 때가 있었지만 조금씩 움직일 수 있게 되었다. 회복기에 접어든 것이 분명했다.

: 풀어보기

12장과 13장은 이폴리트의 다리 수술과 관련된 사건으로 엠마가 낙담한 이후 로돌프와의 불륜이 다시 불타오르는 과정을 담고 있다. 엠마의 낭만적 성향은 로돌프와의 연애를 정점으로 몰아가고 있다. 연애로 만족하지 못하는 그녀는 아무도 모르는 곳으로 함께 떠나자고 로돌프에게 졸라댄다. 도망을 치자고 우겨대는 것도 낭만적인 생각이다. 그러는 가운데 엠마는 로돌프에게 줄 값비싼 선물과 여행에 필요한 물건을 사느라고 뢰르에게 점점 많은 빚을 지기 시작한다.

엠마는 로돌프의 편지를 받고 난 직후 자살을 생각하는데, 이는 후에 정말로 자살하게 되는 것을 암시한다.

로돌프의 배신으로 엠마가 몸져눕는 모습은 엠마의 사랑이 평범한 사랑보다 더 깊은 것으로 생각하게 만든다. 엠마가 낭만적 성향이 강한 것은 사실이지만 매우 헌신적인 여자임을 작가가 말하려는 것인지도 모른다. 그러나 대부분의 비평가들은 엠마가 꿈을 잃었고, 꿈을 잃은 삶의 허전함과 허무함을 깨닫고 몸져누운 것이라고 생각한다. 즉 단순히 로돌프의 배신과 로돌프를 만나기 전의 텅 빈 삶으로 돌아가야 한다는 현실을 깨달은 꿈의 상실이 낳은 결과라는 것이다.

샤를르는 무디고 어리석지만 아내에게는 매우 헌신적이다. 의사로서의 의무도 저버린 채 아내 곁에서 병간호를 도맡는 이 같은 헌신은 샤를르의 평범한 성격을 보완해 주는 특성이라고 할 수 있다.

Chapters 14, 15

: 줄거리 레옹과의 재회

샤를르는 엠마에 관한 걱정 외에 경제적인 문제로 고통을 받는다. 엠마의 치료비도 무척 많이 들었으며, 다른 청구서들도 쌓여가고 있다. 게다가 뢰르가 느닷없이 엠마가 지불해야 할 계산서를 가지고 나타났다. 어찌할 바를 모르던 샤를르는 뢰르에게서 돈을 꾸고 높은 이자를 적용한 어음 몇 장에 서명했다.

겨우내 엠마의 회복이 지속되었다. 병이 극도로 악화되면서 엠마의 신앙심이 되살아나 매우 독실한 신자가 되었고, 많은 시간을 할애해서 종교서적을 읽거나 기도를 했다.

봄이 될 무렵, 비교적 건강을 추스린 엠마는 집안일을 시작한다. 그녀의 신앙심은 두터웠고, 모두들 그녀의 자비심과 영적인 마음, 단호한 원칙들에 놀라워했다.

어느 날 샤를르는 오메의 제안을 받아, 외출이 아내의 건강에 도움에 되기를 바라며 루앙에 있는 극장에 데려가기로 한다. 엠마는 내키지 않았으나 샤를르가 끈질기게 조르는 통에 그러마고 한다. 출발하는 날, 두 사람은 들뜬 기분으로 도시로 향했다.

엠마는 오후 내내 샤를르의 행동과 모습이 창피하고 화가 났다. 그녀는 세련된 도시 여성으로 보이고 싶었는데 샤를르는 시골뜨기에 지나지 않아 보였다. 두 사람이 어디를 가든 엠마는 긴장했고 사람들을 피했다.

그러나 엠마는 오페라 〈뤼시 드 람메르무어〉는 무척 재미있게 보았는데, 그 줄거리가 자신의 삶을 떠올리게 하는 것 같았다.

막간에 샤를르와 엠마는 레옹을 만나자 깜짝 놀란다. 그는 루앙에 살면서 일하고 있었다. 세 사람은 함께 카페로 갔다. 샤를르와 레옹은 용빌에서 함께 알던 친구들과 지난 시절에 대해 장황하게 이야기를 나눈다. 레옹은 현재의 지위와 대학에서의 경험에 대해서도 조금 이야기를 한다. 엠마는 레옹의 점잖은 도회지 예절과 옷차림에 감명을 받는다. 보다 말고 나왔던 오페라에 대해 이야기를 나누게 되자 레옹은 처음에는 오페라를 비웃었지만 엠마가 남아서 2막을 볼지도 모른다고 하자 격찬을 한다. 샤를르는 엠마에게 일 때문에 먼저 돌아갈 테니 남아 있으라고 권한다. 결국 보바리 부부와 레옹은 헤어지며 다음날 다시 만나기로 약속한다.

: 풀어보기

엠마는 병에서 회복한 후 오직 무언가를 버리기 위해 다시 무언가를 취하는 예전의 신경증적인 방식에 다시 빠져든다. 이번에 잡은 것은 바로 종교였다. 그녀가 너무나 철저하게 종교에 헌신하자 사제마저도 지나친 것이 아닌지 걱정할 정도다. 엠마는 집안일은 돌보지 않고 자선사업을 시작한다.

오페라 극장에 간 엠마는 무대 위의 낭만적인 세계에 넋을 빼앗긴다. 그녀는 여주인공과 자신을 동일시했고 테너 가수에게 반했다. 플로베르의 글솜씨가 빛을 발하는 부분이다. 오페라 가수에 대한 객관적인 묘사는 거의 없지만 얼치기 예술가라는 느낌이 묻어난다. 엠마와 마찬가지로 그 역시 예술을 제대로 표현하지 못하고, 재능이 부족한 것을 감추기 위해 속임수를 썼다. 그에게는 '이발사와 투우사다운 무언가'가 있었다. 그러므로 엠마는 싸구려 예술의 거짓되고 감상적인 세계에 빠져든 것이다.

오페라 장면은 레옹의 재등장을 독자와 엠마에게 암시한다. 오페라의 낭만적인 요소들은 엠마와 레옹이 서로에게 다시 한 번 끌리게 되는 적절한 빌미를 제공하고 있다.

제 3 부

Chapter 1

다시 불붙은 사랑

파리에서 법률학교를 다닌 레옹은 모범적인 학생이었다. 비록 조용하고 성실했지만 이제는 새로운 삶을 맛본 사람이다. 이후 루앙으로 돌아온 그는 파리에서 배운 신사다움과 세련미를 한껏 풍겼다. 파리 사람처럼 옷을 입고 행동했으며, 특히 자신감이 넘쳤다. 루앙이라는 시골 사람들에 비해 자신이 세련된 사람처럼 느껴졌기 때문이다.

파리에 갔던 초기에는 엠마 생각을 많이 했지만 기억이 차츰 흐릿해졌다. 그러나 엠마를 만나자 옛 감정이 되살아났다. 레옹은 다음날 샤를르가 없는 틈을 타 엠마가 머물고 있는 호텔을 찾아간다.

단둘이 만날 수 있는 기회를 갖게 된 엠마와 레옹은 기뻐하며 몇 시간 동안 활기찬 대화를 나눴고, 예전의 친근감이 되살아났다. 그러나 두 사람 모두 최근에 있었던 일 중 몇 가지 사적인 것은 자세히 말하지 않았다. 그들은 용빌에서의 슬픈 이별과 함께 보냈던 시간을 회상하고, 서로에 대한 애정을 다시 솔직하게 얘기했다. 작별하기 전 레옹은 엠마에게 키스를 했고, 다음날 대성당에서 남몰래 만나기로 약속했다.

오전에 레옹은 시간에 맞춰 약속 장소에 도착했다. 늦게 당도한 엠마는 레옹과 사랑에 빠지지 않기를 바라는 마음에서 처음에는 레옹을 보지 않으려고 한다. 그녀는 기도에 열중하려 하지만 마음은 딴 곳을 향했고, 성당지기가 성당을 구경시켜주겠다고 하자 흔쾌히 응한다. 레옹은 성당 구경을 할 수 있도록 오래 참아주다가 엠마를 성당에서 데리고 나가 불러 놓은 마차에 밀어 넣는다.

마부는 두 승객이 왜 화창한 날에 커튼을 쳐놓고 시골길을 정처 없이 달리려고 하는지 의아스러웠다. 마차를 세우려고 할 때마다 레옹은 마부를 심하게 꾸짖었다. 두 사람이 마차에서 너무 많은 시간을 보내는 바람에 엠마는 용빌행 승합마차인 제비를 놓치고 만다. 그녀는 제비가 용빌에 닿기 전에 잡아타기 위해 이륜마차를 빌려 타게 된다.

: 풀어보기

1장은 그 사이 레옹이 변한 모습을 보여준다. 그는 더 이상 소심하고 수줍음 많던 옛날의 레옹이 아니었다. 파리 생활로 자신감을 얻은 레옹은 엠마에게 다가갈 수 있게 된다. 그러나 그들이 예전과 달라졌다 해도 대화 내용은 여전히 진부하고 식상한 낭만에 젖어 있을 뿐이다.

레옹과 엠마의 약속장소인 성당 묘사는 사실주의와 미묘한 암시를 훌륭하게 그려낸다. 플로베르는 엠마가 '사랑의 고백을 받아들이기 위해' 기다리고 있는 규방처럼 성당을 묘사했다. 이 부분은 엠마가 나름의 방식대로 믿고 있는 종교의 모습을 집약적으로 보여준다. 엠마는 성당에 들어서자마자 기도를 하려고 했으나 마음은 종교가 아니라 자신에 대한 생각, 그리고 레옹과의 관계에만 머물렀다. 그리고 서투른 성당지기가 차가운 공기가 감도는 오래된 성당을 안내하는 동안 엠마와 레옹은 타오르는 열정을 주체하지 못하며 서로의 눈길을 갈구했다. 거대하고 웅장한 성당에 있는 두 사람의 모습은 1장 마지막에서 비좁은 마차에 갇혀 사랑을 불태우며 달리는 모습과 대조적이다. 마차는 '무덤보다 더 굳게 봉인되어 있다'고 묘사되는데, 확대 해석해 보면 엠마를 자살로 몰고 갈 마지막 운명적 사랑이 시작되었다고 볼 수 있다.

Chapters 2-4

: 줄거리 사랑 놀음은 깊어가고

용빌에 돌아온 엠마는 샤를르의 아버지가 세상을 떠났다는 소식을 듣는다. 샤를르는 오랫동안 아버지를 보지 못했기 때문에 더욱 슬퍼했다. 엠마는 전혀 슬프지 않았고 예의상 괴로운 척했지만 이를 착각한 샤를르는 매우 고마워한다. 얼마 후 보바리 노부인이 아들 내외와 지내기 위해 찾아왔다. 엠마는 공손한 태도로 잘 모셨지만 상을 당한 사람들에게 친절을 베푸느라 레옹 생각을 할 수 없는 것이 속상했다.

이 무렵 뢰르가 다시 나타나 엠마가 갚지 못한 어음을 들이밀고는 엠마에게 더 값비싼 물건을 팔려고 했다. 엠마가 지불 방도가 없다고 걱정하자 샤를르에게 위임장을 넘겨받으라고 권한다. 그렇게 하면 '하찮은' 돈 문제로 남편을 괴롭힐 필요도 없고 빚을 청산할 좋은 방법도 찾을 수 있을 것이라고 덧붙였다.

샤를르는 실제 빚의 규모를 몰랐기 때문에 엠마는 어렵지 않게 자신의 생각이 얼마나 지혜로운지에 대해 남편을 설득할 수 있었다. 더구나 그녀는 마을의 공증인 대신 레옹에게 서류 작성을 맡기도록 종용했고, 샤를르는 아무런 의심도 하지 않은 채 엠마 혼자 루앙에 가서 일을 처리하도록 했다.

엠마는 루앙에서 사흘 동안 레옹과 함께 지냈다. 레옹이 고급 호텔 방을 빌렸고, 이 짧은 사흘은 밀월과 같았다. 두 사람은 가장 좋은 식당과

즐길 수 있는 장소를 찾아다녔으며, 대부분의 시간을 사랑과 낭만을 추구하며 보냈다.

엠마와의 불륜에 완전히 빠져든 레옹은 직장도 소홀히 하고 친구들과도 어울리지 않았다. 엠마의 편지를 기다리는 일이 삶의 가장 큰 일이 되었고, 엠마를 만나기 위해 몰래, 혹은 갖가지 핑계를 대며 용빌까지 찾아갔다.

그동안 엠마는 뢰르에게 점점 더 많은 빚을 지게 된다. 그녀는 레옹을 더 자주 보러 가기 위해 갑자기 피아노에 관심을 보였고, 마침내 루앙에 사는 선생님에게 매주 강습을 받을 수 있도록 남편의 허락을 얻어낸다.

: 풀어보기

엠마가 레옹과 본격적으로 만나기 전에 시아버지의 죽음으로 잠시 주춤한다. 이때 엠마는 루앙에서 레옹을 만날 수 있는 길을 모색했을 것이다. 뢰르는 엠마에게 그럴듯한 구실을 제공한다. 뢰르는 쉽게 엠마에게 물건을 팔 수 있다는 것을 알기 때문에 샤를르로부터 위임권을 받으라고 시킨 것이다. 그는 보바리 부부의 재산을 모두 저당 잡혀 많은 이익을 보려는 속셈이지만, 엠마에게는 루앙에서 레옹을 만날 수 있게끔 해주는 구실이 된다. 그 목적을 달성하기 위해 그녀는 자신이 모든 일을 처리하겠다고 샤를르를 설득한다.

아주 짧막한 3장은 엠마가 루앙에서 레옹과 함께 보낸 사흘 동안의 이야기를 담고 있다. 이 기간은 '진정한 밀월'처럼 묘사되어 있지만 독자는 그것이 세 번째임을 알 수 있다. 사흘 동안의 이야기는 행복과 기쁨이 넘치는 낭만적인 말로 기술되어 있다. 그 며칠 동안 엠마는 아름다움과 순수함의 이미지를 되찾았지만 마지막은 추하게 끝난다. 한창 기쁨에 들떠 있던 엠마가 뱃사공으로부터 로돌프가 지난주에 어떤 부인과 함께 그 배에 탔었다는 소리를 듣고는 로돌프와의 추한 과거를 떠올리기 때문이다.

역시 짧은 4장에서 엠마와 레옹은 장차 만날 방법과 일주일에 최소한 한 번은 만날 것을 계획한다. 물론, 이 계획은 엠마가 점점 더 큰 빚더미에 앉게 되리라는 것을 의미한다.

Chapters 5, 6

파국으로 치닫는 엠마

피아노를 배우는 날, 엠마는 레옹과 함께 하루 종일을 보낸다. 매주 두 사람은 며칠이 아니라 마치 오래 전에 헤어진 사람들처럼 열정적인 만남을 가졌으며, 즐겁고 감동적이고 낭만적인 감정이 깊이 새겨졌다. 관계가 진전될수록 서로를 연애소설에 등장하는 이상적인 주인공으로 바라보게 되었고, 지금까지 상상만 해오던 모든 것을 실제로 해보려고 했다.

엠마가 떠나는 순간은 언제나 비탄에 잠겼다. 레옹을 만나면서 느꼈던 행복은 마차가 루앙을 떠나는 순간 사라져버렸다. 집에 돌아온 엠마는 신경질적이고 긴장한 상태가 되어 다시 레옹을 만날 날만 손꼽아 기다렸고, 연애소설을 읽거나 레옹과의 기억을 곱씹으며 일주일을 보냈다. 최고조로 부푼 열정을 그대로 유지하기 위해서였다.

한 번은 엠마의 거짓말이 탄로날 뻔한다. 샤를르가 피아노 선생님을 우연히 만났는데, 엠마의 이름을 몰랐기 때문이다. 그러나 엠마는 가짜 피아노 강습 영수증을 보여주며 아무 일도 없다고 남편을 속여 넘긴다. 또 한 번은 뢰르가 루앙에서 레옹과 함께 있는 엠마를 목격했다. 엠마는 뢰르가 샤를르에게 일러바칠까봐 걱정하지만 그 교활한 장사치는 그녀의 두려움을 악용해 더 많은 어음에 서명하도록 만들고 시아버지의 재산을 헐값에 처분하도록 한다. 그동안 엠마는 기일이 지난 미지불 청구서를 정기적으로 받았다. 그녀는 모든 일이 혼란스러웠고, 어떻게 사태를 수습해야 할지 몰라 그냥 채권자들을 모른 척하기로 했다. 엠마는 걱정과 두려움이 쌓일수록 뢰르에게 점점 더 많은 돈을 빌렸으며, 더욱 사치스러워졌다. 돈을 빌림으로써 지게 되는 의무를 전혀 인식하지 못하고, 값비싼 사치품들을 마구 사들여 모든 문제를 잊고자 했다. 결국 엠마는 엄청난 빚더미에 올라앉았다.

레옹과의 뜨거운 관계에도 불구하고 엠마는 또다시 빠르게 불행을 느끼기 시작했다. 루앙에서 보내는 목요일 외에는 아무것도 의미가 없었다. 그녀는 복잡한 감상에 지나치게 빠졌고, 완전히 환상 속으로 도피해 버렸다. 행복을 찾겠다는 절망적인 희망을 안고서 허영과 탐욕에 빠져들었으며, 감각적 쾌락을 모두 경험해 보려고 했다. 그러나 만족스러운 것은 없었고, 실망은 커져만 갔다. 레옹은 엠마의 행동에 당황했다. 특히 어떤 옷을 입어보라거나 어떤 행동을 해보라고 시킬 때, 자신에게 영원히 충실하도록 직장을 그만두라고 할 때 그러했다.

레옹과 다시 만났던 초기에 엠마는 만족감을 느꼈고, 그 여유로움은 집에서도 그대로 드러나 사려 깊고 착실한 아내로 지냈다. 그러나 이제는 다시 잘 지내기가 불가능했다. 한 번은 레옹과 루앙에서 밤을 지내면서도 샤를르에게 어디에 있는지 알려주지도 않았다. 샤를르는 너무 걱정이 된 나머지 아내를 찾아나섰다. 엠마는 가엾은 샤를르에게 자기 때문에 걱정을 하고 찾아다니는 것은 잘못이며, 자신의 이상한 행동에도 전혀 잘못이 없다고 납득시켰다.

레옹은 용빌에 올 때면 옛 하숙집 주인 오메의 집에서 저녁식사를 했다. 레옹은 그 호의에 대한 답례로 오메를 루앙으로 초대해야겠다고 생각했다. 오메는 초대를 받아들였고, 우연히 엠마와 같은 날 루앙에 가기로 한다.

루앙에 당도해 레옹을 찾은 오메는 식당을 비롯한 여러 곳에 함께 가줘야 한다고 강조했다. 레옹은 자기 뜻을 강하게 밝히지 못했고, 오메는 쉽사리 레옹의 반대를 잠재울 수 있었다. 한편, 엠마는 호텔방에서 초조하게 레옹을 기다렸다. 엠마를 보러 가기 위해 잠깐 오메에게서 벗어난 그를 기다리는 것은 호통뿐이었다. 엠마는 레옹의 변명은 들으려 하지 않았고, 자기보다 오메를 더 중요시하는 어리석은 짓을 저질렀다며 책망했다. 엠마는 화가 난 상태로 용빌로 돌아갔고 마음속으로 레옹의 단점들을 열심히 찾기 시작했다.

얼마 후 엠마는 레옹의 행동이 사실은 나무랄 만한 일이 아니었다고 깨닫지만 찾아낸 단점들은 잊을 수 없었다. 엠마는 레옹이 자신이 상상했던 이상적인 사람이 아니라는 현실을 직시하기 시작했으며, 그런 생각 때문에 혼란스러웠다. 두 사람의 관계는 이미 흔들리고 있었고, 이제는 사랑의 곁다리로만 느껴지던 쾌락과 여러 가지 여흥에만 거의 전적으로 의존하게 되었다. 행복의 안정감을 다시 찾으려고 광분한 엠마는 레옹의 생활 전반을 지배하려 했다. 레옹은 엠마의 요구에 분개했고, 두 사람이 만족하는 순간은 그 어느 때보다도 짧아졌다.

어느 날 채무 징수원이 엠마를 찾아와 뢰르에게 써준 어음의 지불을 요구했다. 엠마는 그 사람이 찾아온 이유를 잘 이해하지 못했고, 막연한 약속을 했다. 그 다음날 오후에 엠마는 지역 보안관으로부터 법적 통보를 받는다. 그녀는 완전히 겁에 질려 뢰르를 찾아갔다. 그는 퉁명스럽게 엠마를 대했다. 잠시 후 감정을 누그러뜨린 그는 위험을 감당할 만한 능력이 되지 않는다고 말하면서도 매우 가당찮은 조건으로 돈을 또 빌려주었고, 그녀를 현혹해서 비싼 물건을 사게 만들었다.

이 일로 정신을 차린 엠마는 돈을 모으기 시작했다. 생활비를 줄였고,

남편에게는 시어머니로부터 돈을 받아내라고 시켰으며, 용빌의 부인들에게 팔기 위해 루앙에서 값싼 물건들을 사들였다. 그리고 환자들에게 받아야 할 치료비를 남편 몰래 청구했다. 엠마는 실제 재정 상태에 대해 샤를르에게는 아무 말도 하지 않았다. 그 모든 노력에도 불구하고 돈을 빌리지 않을 수 없었고 빚은 계속해서 늘어갔다.

다른 문제들에다가 새로운 부담이 가중되자 엠마는 신경질을 잘 내고 게을러지기 시작했다. 엠마가 돈을 모으려고 살림을 많이 팔아버린 통에 보바리 가족의 집은 썰렁해졌다. 수리나 세탁이 되어 있지 않았고 아이도 방치되기 일쑤였다. 엠마에게는 더 이상 친구들이 없었고, 대부분의 시간을 자기 방에 틀어박혀 보냈다. 걱정이 된 샤를르는 아내를 위로하려 했지만 엠마는 남편과 대화하기를 거부했고, 남편의 서투른 애정표현에 전혀 반응을 보이지 않았다.

엠마는 루앙에서 레옹을 계속 만났고, 그런 날에는 사치스럽게 돈을 쓰자고 고집을 부렸다. 레옹은 엠마가 요구하는 대로 즐겁게 해줄 비용을 대지 못할 때가 많았기 때문에 엠마가 물건을 저당 잡히면서까지 돈을 대주었다. 레옹의 가족과 친구들은 그의 경력과 명성에 해를 끼칠까 염려하며 불륜을 청산하라고 종용했다. 레옹은 엠마가 너무 변덕스럽고 까다롭게 굴자 가족이나 친구들의 말이 맞는다고 생각하고 그녀를 짐스럽게 여기기 시작했다. 두 사람의 관계는 계속되었지만 속으로는 서로에게 싫증을 느끼고 있었다. 이제는 잠자리마저도 지루할 때가 많았다. 게다가 엠마는 비록 나중에는 수치심을 느꼈지만, 평판이 좋지 못한 곳들을 드나들고 천박한 사람들을 만나면서 스스로를 타락시켰다. 그녀의 취향과 환상은 타락하고 썩어갔다.

결국 엠마는 법원으로부터 8,000프랑을 갚든가, 아니면 집의 재산을 압류하겠다는 명령을 받게 된다. 뢰르에게 달려간 엠마는 무모한 약속을 하려고 하지만 그는 더 이상 돕지 못하겠다며 냉정하게 거절하고 그녀를 돌려보낸다.

: 풀어보기

5장과 6장에서는 새로운 불륜에 빠지는 엠마와 앞으로 다가올 파국이 소개되면서 많은 비교와 대조가 나타난다. 불륜에 빠진 엠마는 자신을 '모든 소설에 등장하는 사랑에 빠진 여자, 모든 연극의 여주인공, 모든 시집의 막연한 그녀'로 생각한다. 로돌프와 연애를 시작하던 때와 똑같은 상황이다. 그 외에 엠마가 루앙의 빈민가 '골목 모퉁이를 돌아' 연인을 만나러 가는 점도 유사하다. 이러한 만남에 추악함이 깃들어 있다는 것을 보여주는 강한 암시로 볼 수 있다.

불륜이 깊어질수록 엠마와 로돌프의 역할이 갑자기 뒤바뀐 것을 알 수 있다. 이제 레옹이 엠마의 역할을 하고, 엠마가 과거의 로돌프 역할을 하고 있는 것이다. 엠마는 젊고 미숙한 레옹에게 잠자리 기술을 가르쳐주는 노련한 상대가 되었고, 로돌프가 엠마를 찾아왔듯이 이번에는 엠마가 레옹을 찾아간다. 하루를 보내고 난 후에 옷을 입고 집으로 돌아가는 사람은 엠마이다. 결국 레옹마저도 '그녀가 정부(情婦)라기보다는 자기가 정부(情夫)가 되었다'는 것을 깨닫는다.

관계가 시작될 즈음, 엠마는 평생 찾아 헤매던 것을 마침내 찾았다고 믿었다. 그러나 관계가 진전될수록 레옹을 있는 그대로 바라볼 수 없다는 것을 깨닫기 시작한다. "우상에는 손을 대는 것이 아니다. 거기에 칠해 놓은 금박이 손에 묻어나기 때문이다." 또한 레옹을 과대평가했다는 것도 깨닫는다. 엠마는 '인생에 대한 이런 아쉬움'을 일으키는 것이 무엇인지 궁금했다. 그녀는 이상적인 주인공들이 레옹에 대한 사랑을 다시 일깨워주기를 기대하며 연애소설을 읽었지만 그에게 싫증이 났다는 사실을 인정하지 않을 수 없었다. 엠마는 '간통 속에서 결혼 생활의 진부함을 모두 발견'하고 있었으며, 이러한 깨달음으로 그 어느 때보다 큰 공허감을 느꼈다.

엠마는 레옹과 불륜을 저지르면서 의무를 태만히 했고, 경제적으로 점점 더 옥죄이고 있었다. 플로베르는 엠마의 도덕적 타락과 재정적 파탄을 연계시키는 것 같다. 그녀는 병적으로 불륜과 빚에 대해 거짓말을 했다. 레옹과의 사랑이 어긋나기 시작하자 이번에는 빚 문제가 대두된다. 빚은 그녀의 얽히고설킨 애정 행로와 유사하다.

사실 엠마와 레옹이 처음 만나기 시작했던 때부터 불길한 징조가 나타났다. 바로 엠마가 레옹과 헤어지면 자주 나타나곤 했던 늙은 떠돌이 거지의 모습이 그것이다. 추하고 천한 늙은 장님 거지의 비참한 모습은 엠마가 즐긴 인위적인 기쁨과 대조를 이루는 한편, 그녀가 얼마나 깊이 추락할 것인지를 보여주는 전조이기도 하다. 떠돌이 거지는 엠마가 곧 맞닥뜨릴 추한 죽음을 상징하는 것으로 볼 수도 있다. 그녀는 가면무도회에 참석했다가 싸구려 식당에서 저질스러운 서기들과 자리를 하게 된 직후 가장 심하게 타락한다.

Chapter 7

경매

다음날 아침 보안관과 직원들이 도착해서 집안의 가구와 물품들의 목록을 작성했다. 그러나 엠마는 그들이 있는 동안 의연한 자세를 유지할 수 있었다. 압류 감시인이 남았지만 엠마는 샤를르가 보지 못하도록 그를 다락방에 숨겼다. 그날 저녁 샤를르는 근심이 있는 것 같았다. 엠마는 샤를르가 모든 것을 알고 있는 것이 아닐까, 하고 걱정했지만 그는 아무 말도 하지 않았다. 엠마는 이 일의 책임을 모두 짊어져야 한다는 것과 샤를르는 아무것도 모르고 있다는 것 때문에 매우 화가 났다. 그녀는 밤새도록 돈을 마련할 계획을 세웠다.

다음날 아침 엠마는 루앙으로 가서 금융업자를 여럿 만났으나 돈을 빌려주려고 하지 않았다. 엠마는 레옹에게 도움을 청하지만 그렇게 많은 돈은 만져본 일도 없다고 하자, 그녀가 레옹의 고용주에게서 돈을 훔쳐오라고 해 화가 폭발한다. 그러나 결국 엠마의 마음을 진정시키기 위해 친구들에게 물어보고, 필요한 만큼의 금액이 만들어지면 용빌로 가져가겠다고 약속한다.

월요일에 엠마는 시장에 보안관이 게시한 압류 재산 경매 공고를 보고 소스라치게 놀란다. 그녀는 마을의 공증인인 기요맹 씨를 찾아갔다. 기요맹은 그녀를 돕겠다고 하면서 대신 원하는 것이 있다고 분명히 밝힌다. 엠마는 그의 주제넘은 짓에 모욕감을 느끼고 몸을 팔지 않는다고 소리치며 자리를 박차고 나온다.

샤를르는 아직 귀가하지 않았고, 어떤 일이 벌어졌는지도 모르고 있다. 그동안 마을 사람들은 모두 기대를 갖고 다음 벌어질 일을 지켜보고 있었다. 엠마는 기운이 빠지고 무서웠다. 레옹이 돈을 가지고 달려와 줄 것이라는 희망을 버리지는 않았지만 사실 그 가능성은 거의 믿지 않았다. 엠마는 비통하고 겁이 났다. 그런데 갑자기 생각이 하나 떠올랐다. 바로 로돌프였다. 엠마는 로돌프의 영지로 출발했다. 그가 아직 품고 있을 사랑을 이용해서 돈을 얻어내기로 마음먹은 것이다. 그러면서도 그 계획이 실은 똑같은 제안을 했던 기요맹에게 몹시 화를 내며 거부했던 몸을 파는 짓이라는 생각은 들지 않았다.

: 풀어보기

7장에서 엠마는 거의 모든 지인들에게 돈을 빌리려고 미친 듯이 노력한다. 처음에 찾아간 사람은 마지막 연인인 레옹이었다. 그러나 어떻게 하면 엠마와 헤어질 수 있을까를 고민하던 레옹은 도움이 되지 않았고, 다음날 도움을 주겠다는 약속으로 빨리 그녀를 떼어내려 한다. 엠마의 실패는 다시 한 번 장님 거지의 출현으로 상징적으로 표현되었다. 이때 오메는 거지에게 병이 낫는 방법을 가르쳐주고, 엠마는 '그녀의 전 재산'인 금화 5프랑을 던져주고 그야말로 무일푼이 된다.

하녀의 제안으로 엠마는 공증인인 기요맹을 찾아갔다. 그는 엠마를 사모한 것으로 보인다. 그는 엠마에게 돈을 주겠다고 하면서 잠자리를 요구한다. 엠마는 놀라고 역겨워하며 자리를 떴다. 여기서는 엠마의 숭고한 기질이 드러난다. 그녀는 불륜을 저지르면서도 한 번도 몸을 판 적이 없으며, 그런 생각조차 하지 않는다. 그녀의 불륜은 꿈을 이루기 위한 노력이었던 것이다.

Chapter 8

음독

로돌프는 엠마를 보자 깜짝 놀란다. 두 사람은 지난 일들에 대해 잠시 얘기를 나누었고, 엠마는 계획했던 대로 예전의 관심을 다시 불러일으킬 수 있었다. 엠마는 자신의 채무에 대해 로돌프에게 말하면서 3천 프랑을 빌려달라고 부탁했다. 로돌프는 엠마가 난데없이 방문한 이유를 눈치채고 여윳돈이 없다고 태연하게 대답한다. 엠마는 로돌프가 거짓말을 하고 있다는 것을 알고 있다. 그녀는 화를 내며 자리를 떴다.

이제 엠마는 희망이 없다는 것을 깨닫고, 멍하니 들판을 가로질러 걸으며 지금까지 겪은 황홀한 기억들을 떠올렸다. 정신을 차린 엠마는 앞으로 할 일을 결정하고 오메의 약국으로 달려가서 하인 쥐스텡을 불러 다락 창고로 안내하게 했다. 그곳에서 엠마는 비소 병을 찾아 열고는 많은 양을 삼켰다. 쥐스텡은 놀란 채 엠마를 바라보고 있었다. 집으로 돌아온 엠마는 오랜만에 평온함을 느꼈다.

그동안 집행관의 압류에 대해 알게 된 샤를르는 미친 듯이 엠마를 찾았지만 행방을 아는 사람은 아무도 없다. 그가 집으로 돌아왔을 때 엠마는 침대에 누워 쉬고 있었다. 그녀는 다음날까지 읽지 말라면서 샤를르에게 편지 한 통을 건넸다.

잠시 후 엠마는 구토로 힘들어하며 극심한 고통에 시달렸다. 그녀는 걱정하는 샤를르에게 아무 말도 하지 않았다. 그러자 샤를르는 편지를 뜯

어 읽었고 엠마가 음독했다는 사실을 알고 경악했다. 그는 도움을 청했고, 곧 이 소식은 마을 전체에 퍼졌다.

오메가 도움을 주러 왔고, 루앙과 이웃 마을에 의사들을 부르러 사람을 보냈다. 샤를르는 괴로운 나머지 아무 일도 할 수 없었고, 울면서 엠마 곁에 머물렀다. 엠마도 눈물을 흘리면서 처음으로 샤를르에게 따뜻하게 대했다. 의사들과 신부가 도착했지만 이미 손을 쓸 수 없는 상태였다. 몇 시간 후 엠마는 끔찍한 고통 속에 죽어갔다.

: 풀어보기

엠마가 돈을 빌리러 로돌프의 집을 찾아갔을 당시 두 사람은 3년간 서로 보지 못한 상태였다. 따라서 로돌프가 엠마를 다시 보게 된 순간 옛 욕망이 깨어났고, 엠마는 로돌프가 약간 관심이 있다는 것을 눈치 챘다. 그 때문에 그가 부탁을 거절하자 엠마는 또다시 배반당한 것이라고 느낀다. 엠마의 자살은 절망적인 돈 문제나 나약한 레옹의 거절 때문이 아니라 로돌프에게 배신당했다는 막연한 느낌 때문이었다. 완벽한 사랑을 찾기 위해 일생을 바쳤던 엠마에게 로돌프의 두 번째 배신은 삶을 가치 없는 것으로 만들어버렸다.

로돌프와 헤어진 직후 엠마의 반응과 마음 상태는 첫 번째 배신 때와 같았다. 처음 배신을 당했을 때에는 43일간 몸져누웠지만 이번에는 스스로 목숨을 끊기로 마음먹었다. 엠마가 자살한 이유는 사랑했다고 믿었던 남자의 배신 때문이었다. 플로베르는 아마도 엠마가 깊은 사랑을 할 수 있는 여자였음을 암시하는 것 같다. 아니면 적어도 매달려볼 가치가 있는 사랑을 꿈꿔왔음을 보여주는 듯하다. 따라서 그 꿈이 배신당하자 엠마에게는 자살 외에는 다른 길이 없었던 것이다.

쥐스텡이 엠마의 죽음에 직접 개입했다는 점도 역설적이다. 그는 엠마에게 한결같으면서도 도를 넘지 않는 사랑을 보여준 유일한 인물이기 때문이다. 엠마는 그의 사랑을 전혀 눈치 채지 못했다. 따라서 그녀를 가장 아꼈던 인물이 그녀를 죽음으로 몰고 갔다는 사실은 역설적이지 않을 수 없다. 그가 엠마를 사랑하지 않았다면 엠마 때문에 놀라서 비소가 보관된 창고 열쇠를 건네는 일 따위는 일어나지 않았을 것이다.

엠마의 죽음은 그녀가 삶을 안타깝게 낭비했음을 보여

준다. 불가능한 것을 추구하며 일생을 보냈고 비참하게 실패했듯이 죽을 때도 간단하면서도 아름다운 방법을 원했다. 그러나 그녀의 죽음은 끔찍이 고통스럽고 추했으며, 그녀의 타락을 상징하는 장님 거지의 등장으로 더욱 강조되었다.

엠마의 마지막 행위는 종부성사를 받는 것이었다. 이 행위에는 작품의 본질이 담겨져 있다. 엠마는 종교적 믿음에 귀의하지만 사실은 감각에로의 귀의였다. 십자가에 입맞춤한 것은 하느님에게 하는 것이 아니라 육욕적이고 감각적인 것이었다. 신부가 기름을 바르는 장면에서 플로베르는 엠마가 관능주의자라는 점을 보여준다. 신부는 '지상의 모든 영화를 갈망했던' 눈과 '거짓을 말하고 오만에 전율하며 음란한 쾌락에 울부짖던' 입, '육감적인 감촉을 즐기던' 손, 그리고 '욕망을 채우기 위해 그토록 빨리 달렸건만 이제는 걸어 다니지도 못할' 발바닥에 성유를 발랐다. 엠마의 마지막 모습은 죽음에서 최후의 감각적 욕망을 갈구하는 관능주의자의 모습이다.

많은 비평가들은 라리베이르 박사가 작품에서 유일하게 훌륭한 인물이라고 말하고 있다. 이 인물은 플로베르의 아버지로부터 영감을 얻은 것으로 보인다. 라리비에르 박사가 냉정한 분석가라는 점, 그러면서도 사람들을 돌보기 위해 나타난다는 점은 다른 인물들과 대비된다. 그는 환자들에게 진심 어린 동정을 느낀다. 그의 지성과 의사로서의 위엄, 고결함은 다른 인물들을 더욱 비열하고 어리석어 보이도록 만든다.

Chapters 9-11

: 줄거리 샤를르의 죽음

샤를르가 엠마의 죽음으로 받은 충격에서 벗어나기까지는 오랜 시간이 걸렸다. 샤를르의 어머니도 찾아와 일이 제대로 진행되도록 도왔다. 그녀는 엠마가 죽었으므로 샤를르의 사랑을 다시 차지할 수 있으리라고 생각했다. 엠마의 아버지도 장례식에 왔으나 너무 슬퍼해서 도움이 되지는 않았다. 신부와 오메는 망자 옆에서 밤을 새우며 필요하다고 생각하는 의식들을 치렀다. 신부는 장례를 빨리 치러야 한다고 샤를르를 설득하는 데 애를 먹었다. 샤를르는 엠마에게 웨딩드레스를 입혀 묻어주고 싶다고 말했고, 장례비용 때문에 어머니와 언쟁을 벌였다.

장례식이 끝나자마자 루오 영감은 손녀 베르트는 보지도 않고 돌아가 버린다. 그날 밤 엠마의 무덤 옆에 서 있는 쥐스텡을 보게 된 교회지기는 그동안 누가 자기 감자를 훔쳤는지 알아냈다고 생각한다.

장례가 끝난 후 샤를르는 엠마의 채권자들로부터 연락을 받았다. 엠마의 빚은 뢰르뿐만 아니라 그밖에 다른 사람들에게 지불하지 않은 청구서들도 있었다. 모든 빚을 합친 금액은 엄청났다. 샤를르는 빚을 갚기 위해 왕진비를 걷으려 했지만 이미 엠마가 청구했던 것을 알게 된다.

그 사이 레옹은 좋은 가문의 젊은 여자와 약혼했다. 샤를르는 레옹의 모친에게 축하 편지를 보냈고, 아무것도 모른 채, 아내가 살아 있었다면 기뻐했을 것이라고 썼다.

어느 날 밤, 샤를르는 엠마가 오래 전에 잃어버렸던 로돌프의 편지를 우연히 발견했다. 그는 편지를 읽지만 엠마와 로돌프가 정신적인 사랑을 나눴다고 생각하고 의심하지 않는다. 그는 엠마에 대한 기억을 이상화했고 다른 남자들이 그녀를 우러러보았다는 사실을 알게 되어 흡족했다.

샤를르는 빚을 갚기 위해 거의 모든 가구를 팔아야 했지만 그렇게 마련한 돈으로도 부족했다. 그러면서도 감상적인 이유로 엠마의 침실에서는 아무것도 가져가지 못하게 했고, 엠마가 죽기 전의 침실 상태를 그대로 유지했다. 보바리 노부인은 아들과 함께 살려고 했으나 엠마의 숄을 가지려 하다가 아들과 싸우고, 얼마 후 집을 나가버렸다. 하녀도 엠마의 옷을 훔쳐가지고 떠났다.

샤를르는 두문불출했다. 옛 친구들을 피했으며, 진료도 소홀히 했다. 그렇게 친했던 오메도 지역사회에서 영향력을 행사하게 되면서 그를 멀리했다. 샤를르와 사회적 지위가 너무 다르다는 것이다.

샤를르는 엠마의 방에 앉아 그녀의 물건을 바라보거나 함께했던 시간들을 회상하는 시간이 많아졌다. 어느 날 그는 엠마의 책상 서랍을 열어보고 로돌프와 레옹의 편지들을 발견했다. 믿지 못하겠다는 듯이 편지를 읽은 그는 편지들의 의미를 깨닫고 몹시 괴로웠으며 엠마의 불륜 사실을 인정할 수밖에 없었다. 이 일이 있은 후 샤를르는 항상 침울했고 낙담한 사람처럼 보였다. 집밖을 나서는 일이 거의 없었으며 사람들을 멀리했다.

어느 날 돈을 마련하기 위해 말을 팔러 루앙에 갔던 그는 로돌프를 만났고, 주점에서 함께 술을 마셨다. 죄책감을 느낀 로돌프는 잡담을 하려고 애썼다. 샤를르는 진실을 알고 있다고 말하면서 더 이상 그를 원망하지 않으며 모든 것은 운명 탓이라고 덧붙였다.

다음날 샤를르는 정원에 앉아 평온하게 세상을 떠났다. 집과 남은 재산은 채권자들을 위해 팔렸고, 베르트가 할머니 집으로 갈 여비만 남았다. 보바리 노부인은 그 해 세상을 떴고 루오 영감은 큰 병을 앓고 있었으므로 베르트는 친척 아주머니의 집으로 보내졌다. 친척 아주머니는 아주 가난해서 베르트는 결국 방적공장에서 일하는 처지가 된다.

: 풀어보기

마지막 부분은 엠마의 죽음이 여러 사람에게 미치는 영향을 보여주고 있다. 가장 큰 타격을 받은 사람은 샤를르이다. 그는 오랫동안 아내의 죽음을 슬퍼하다가 로돌프와 레옹이 보낸 편지를 발견한 후 조금씩 절망과 가난, 무기력의 나락으로 빠져들었다. 엠마의 죽음은 간접적으로 베르트에게 가장 큰 영향을 미쳤을 것이다. 살아가기 위해 겨우 일곱 살의 나이에 방적공장에 보내졌으니까. 반면, 엠마가 가장 사랑했던 로돌프와 레옹은 그녀가 죽었다고 해서 큰 타격을 입지는 않았다. 엠마를 순수하게 사랑했던 쥐스템은 그녀의 무덤 옆에서 울고 있다가 감자도둑으로 몰렸다.

11장은 모순으로 가득 차 있다. 샤를르는 순결의 상징인 웨딩드레스를 엠마에게 입혀 장례를 치르려 했는데 이는 엠마의 불륜과 모순된다. 약제사와 신부의 행동은 다른 사람을 위해서가 아니라 오직 자신들의 이익을 위해서라는 것을 보여주고 있다. 오메가 레지옹 도뇌르* 훈장을 받았다는 것은 엠마가 혐오하던 사회의 비열함을 암시한다.

결국 사회에 반하는 인물로 보이던 엠마는 동정을 불러 일으킨다. 그녀는 자신의 꿈에 대한 확신에 차 있었고 그 꿈을 성취하려고 모든 위험을 감수할 의지를 보여준 여성이었다. 그녀는 비좁은 시골 세계 저 너머에 존재하는 삶과 감정을 어렴풋이 느꼈다. 그러나 그녀의 비극은 꿈을 키울 가치가 있는 세계에서는 아무런 목적의식을 찾지 못했다는 점이다.

---

* **레지옹 도뇌르 훈장:** 프랑스의 최고훈장. 1802년에 나폴레옹 1세가 제정했다. 군공(軍功)이 있는 사람이나, 사회에 공적을 쌓은 사람에게 수여된다.

엠마 보바리

샤를르 보바리

레옹

로돌프

오메

○ 엠마 보바리

엠마의 어린 시절은 삶에 대한 접근방식을 바꿔놓았다. 엠마는 천성적으로 감수성이 예민했으며, 현실보다는 상상의 세계를 더 좋아했다. 어릴 적에는 수녀원 생활을 하며 백일몽에 빠지거나 연애소설을 읽기 시작했고, 독서가 삶에 큰 영향을 미쳤다. 종교적으로도 교회의 진정한 본질보다는 비범함, 신비로움, 아름다움을 추구했다. 이처럼 몽상을 좋아하던 엠마는 극단적인 낭만주의에 빠져 오래된 성과 비밀스러운 만남, 극적 반전을 고대하면서 살았다. 현실에는 눈을 감아버리고, 삶을 자신이 만들어낸 낭만적인 대본에 맞추려 했다. 항상 자극받기를 원했고, 매일의 삶이 강요하는 지겨운 일상을 견디지 못했다.

결혼 후에도 끊임없이 자극이 될 만한 것을 찾았으며, 자신이 읽었던 소설 속 내용과 들어맞지 않는 결혼생활을 받아들일 수 없었다. 그리고 결혼하면 얻을 수 있으리라고 생각했던 천상의 행복과 황홀경, 열정을 갈망했다. 현실에 주력하지 않고 꿈의 세계로 도피해 무익한 욕망에 모든 힘을 쏟아 인생에 만족할 수 없었고, 삶을 바꿀 방법을 계속 추구했다.

자신이 그려보았던 낭만적인 그림에 삶이 부합하지 않는다는 것을 알게 된 그녀는 채워지지 않는 만족감을 얻기 위해 여러 가지 일을 시도했다. 집을 꾸며보기도 하고, 독서를 시작했으며, 파리의 잡지를 구독하기도 했다. 자선사업을 도와주는가 하면, 뜨개질을 하고, 그림을 그리고, 피아노를 쳤고, 그밖에도 여러 가지 일에 참여했다. 그러나 한 가지 일을 시도할 때마다 이내 지루함을 느끼고, 다른 일을 시작했다. 미친 듯이 자극만 찾다보니 기운이 쇠약해져 실제로 몸에 병이 찾아왔다.

남편의 자기만족감과 아둔함은 그녀를 더욱 불행하게 만들 뿐이었다. 따라서 레옹을 보자 영혼의 친구를 만났다고 느끼지만 그들의 대화가 평범하고 진부하다는 것은 깨닫지 못했다. 그리고 레옹의 가식적인 모습을 심오함이라고 착각했다. 두 사람은 정신적인 사랑을 나누는 친구가 되었다. 레옹이 떠나고 난 후, 엠마는 무언가를 놓쳤다는 것을, 무언가로부터 거부당했다는 것을 느꼈다. 그 결과 로돌프를 만났을 때 주저 없이 자신의 모든 것을 바칠 수 있었다. 그녀는 '모르는 것이 없고, 여러 가지 재주에 능하고, 넘치는 열정, 세련된 생활, 온갖 신비로운 것들로 인도해 주는 능력'이 있는 남자를 원했다. 로돌프가 나타나 사랑에 대해 솔직하고 대담하며 정열적인 감탄을 늘어놓자 그런 열정과 절대적인 힘을 경험하게 되리라고 느꼈고, 책에서 읽었던 로맨스의 '정열, 희열, 흥분'으로 인생이 가득 차리라고 예상했다.

한 자리에 머물지 못하는 성격을 타고난 그녀는 상황을 바꾸고 싶다는 생각이 든다. 뜨개질을 하다가 그림을 그린 것처럼 로돌프와 자신의 삶을 바꾸고자 했고, 함께 도망가자고 졸랐다. 그녀의 끈질긴 요구 때문에 로돌프는 엠마를 버렸다.

로돌프의 배신을 알게 된 이후, 엠마는 다시 레옹을 만났고, 비교적 빠르게 자기를 맡겼다. 엠마는 여전히 숭고한 열정을 찾았으나 타고난 성격에 걸맞게 레옹에게 곧 진력이 나기 시작했고, 또다시 삶이 지루해졌다. 그녀는 '불륜에서 결혼의 진부함을 모두' 발견했다.

엠마 보바리는 중산층의 삶을 견딜 수 없었던 중산층의 부인으로 평생 몽상, 연애, 가식으로 중산층의 삶에서 벗어나려고 했다.

그녀에게는 다른 인물들에게는 없는 장점이 있다. 그녀는 자신보다 위대한 이상과 감정을 경험할 수 있도록 해주는 삶을 꿈꾸었다. 그 이상이 비록 피상적이었다고 해도 중산층의 삶에서 느낄 수 있는 감정보다 더 위대한 것이 존재한다는 사실을 알고 있었다. 또한 불륜을 저질렀지만 재정적인 어려움을 해결하기 위해 몸을 팔지는 않았다. 그녀는 자신의 꿈 앞에서 진실했고, 꿈 때문에 죽음을 맞았다. 로돌프를 다시 만났을 때, 또 한 번 배신당했다는 것을 깨달았고, 자신이 구하던 평화와 충만함은 죽음을 통해서만 얻을 수 있다는 것을 느꼈다. 엠마는 꿈을 통해 살아가려 했지만 모든 것이 실패로 끝나자 자기보다 위대한 무언가가 있다는 신념을 버리지 않고 그 꿈으로 인해 목숨을 잃었다.

○ 샤를르 보바리

샤를르는 우둔하고 상상력이 부족한 시골의사다. 그는 다른 사람들이 쉽게 달성하는 것들을 열심히 노력해야 얻을 수 있다. 아버지 보바리 씨에게는 넘치는 상상력이 아들에게는 부족하다. 타고난 재능도 없어서 아주 단순한 것이라도 남들보다 두 배는 노력해야 한다.

학교에 다닐 때는 쓸데없이 방황하다가 의사시험에 낙방하기도 한다. 게다가 여자에게 휘둘린다. 처음에는 어머니에게 삶을 통제당해 심지어 스무 살이나 연상인 여자와 결혼한다. 그 첫 번째 아내도 그를 매우 쉽게 다뤘다. 이 여성들의 존재로 인해 엠마는 샤를르를 마음대로 다룰 수 있게 되었다.

샤를르는 엠마와 상반되는 인물로 그려진다. 꾸준한 성격과 항상 노력하는 모습은 그가 무덤덤한 사람이라는 것을 암시한다. 일상적인 생활에 만족하고, 엠마의 불만을 알아차리지 못할 정도로 우둔하다. 엠마도 자기만큼 행복할 것이라고 믿었고, 결혼 생활에서 일어나는 아주 미묘한 변화도 느끼지 못했다. 엠마가 삶의 모든 것을 누려보고 싶어 애타할 때 샤를르는 딸의 탄생으로 인생의 경험을 마무리했다고 생각했다. 그가 자신의 삶에 만족할수록 엠마의 삶은 더욱 견딜 수 없는 것으로 변했다.

샤를르의 유일한 자질은 엠마에 대한 헌신적인 사랑이

다. 그의 관심은 온통 엠마의 행복에 쏠려 있었고, 그의 사랑과 헌신은 전적으로 이타적이었다. 엠마가 몸져누웠을 때 샤를르는 모든 것을 뒤로 미룬 채 그녀가 회복되도록 전심전력을 다했다.

샤를르는 우둔하고 평범하며 무감각하고 상상력이 부족한 인간의 전형적인 예에 속한다. 플로베르는 지방의 중산층 사회가 보여주는 가장 적나라한 모습을 샤를르를 통해 구체화한 것이다.

○ 레옹

엠마는 처음 레옹을 만났을 때 똑같은 영혼의 소유자를 찾았다고 느꼈다. 그러나 레옹은 엠마만큼 얄팍한 인물일 뿐이다. 다른 구성원들과의 차이점이라면, 두 사람 모두 자기가 속한 사회를 초월하는 어떤 감정을 추구하려 했다는 것이지만 스스로 키운 낭만적인 꿈이라는 함정에 빠지고 만다.

레옹은 매우 부끄럼이 많고 자신감이 부족한 청년으로, 사랑이라는 세계를 경험하지 못했다. 매우 오랫동안 감상적인 환상에 사로잡혀 있었던 것이다. 엠마와 만난 그는 진짜 감정을 털어놓지 못했다. 우스운 꼴이 될까봐 두려웠기 때문이다.

그는 파리 생활을 통해 자신감을 쌓을 수 있었다. 파리인의 예절이 몸에 배었고, 어떤 상황이든 통제할 수 있다는 인상을 주는 태도를 지니게 되었다. 3년 만에 엠마를 다시 만났을 때 세련된 가식이 조금 드러났지만 여전히 천박하고 나약한 청년일 뿐이다. 엠마와의 불륜이 시작되자 자신이 끌려다니고 있다는 것을 자각했으나 단호하게 행동하지 못했다.

더군다나 레옹은 엠마의 꿈과 현실이 일치하지 않는다는 것을 보여준다. 엠마는 레옹에게 이상적인 연인의 모습에 어울리는 행동을 강요했다. 플로베르는 나약하고 우유부단한 레옹과 엠마가 이상화한 레옹의 모습을 객관적으로 대비시켜 엠마가 처한 상황을 강조했다.

○ 로돌프

로돌프는 엠마를 이해하는 유일한 인물이다. 그는 약삭빠르고 냉소적이고 냉정한 독신으로, 오로지 유혹할 목적으로 여성 심리를 연구한다. 처음 엠마를 만났을 때, 그녀가 남편에게 정이 떨어져 불륜을 저지를 태세라는 것을 금방 알아차렸다. 그는 솔직하고 직설적인 사랑 고백으로 엠마를 들뜨게 한 후 6주간 모습을 감춰 걱정을 하고 안달이 나게 만든 다음 다시 나타나서는 거침없이 사로잡는다.

그러나 그는 어떤 관계든 오래 끄는 법이 없다. 성적 쾌락에만 관심이 있었고, 관계가 지루해지면 어떻게 떼어버릴 것인가만 궁리했다. 그가 엠마에게 끌렸던 것은 오로지 아름다운 외모와 감각적인 매력 때문이었고, 그녀를 버리는 것에 전혀 양심의 가책을 느끼지 않았다. 심지어 엠마가 죽었다는 소식을 듣고도 전혀 동요하지 않는다.

○ 오메

용빌의 약제사. 오메는 가장 성공적인 조연이다. 인물 자체뿐만 아니라 일정 부류의 전형 기능도 완벽하게 수행하기 때문이다. 그는 플로베르가 증오했던 신흥 중산층의 정신과 '진보적' 견해를 상징한다. 지성은 뛰어나지 않고 교육도 제대로 받지 않았지만 자존심이 강하고 오만하며 우쭐댄다. 말 역시 진부하고 알맹이가 없으며, 신흥 부르주아의 한계와 선입관을 모두 보여준다. 이를테면 그는 자타가 공인하는 불가지론자이며 볼테르 옹호자이지만 죽음 앞에서는 두려움에 떨고 미신적인 태도를 보인다. 게다가 이폴리트의 수술과 관련된 이야기에서 알 수 있듯이 비겁하고 무책임하다. 겉으로는 평등 원칙을 설파하지만 사실은 사회적 지위에 민감하다. 가장 재미난 장면은 오메와 그의 라이벌인 신부가 나누는 대화다. 작품 마지막 부분에서 오메가 개인적 성공을 이루는 모습에는 플로베르의 비관주의가 배어 있다.

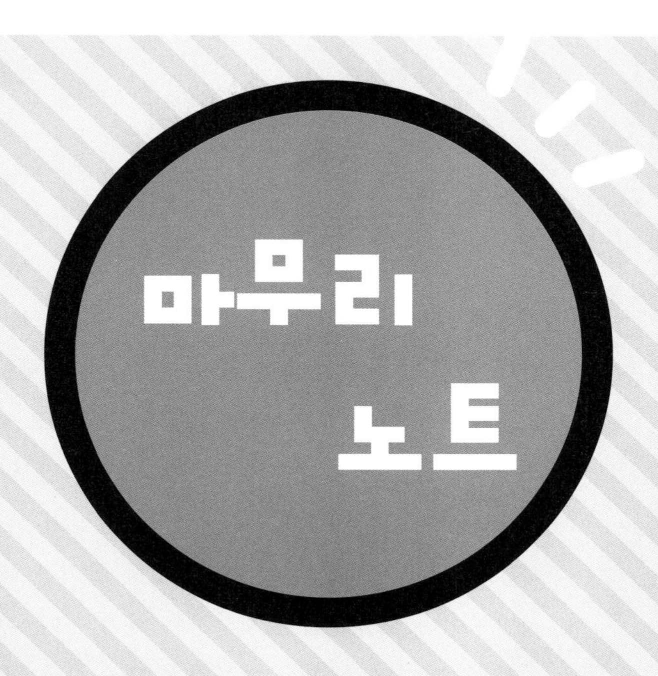

주제와 의도

플로베르의 사실주의

상황 설정

상징

역설과 대비

문체

화법

사회 비평

주제와 의도

〈보바리 부인〉은 인간의 어리석음, '낭만병', 꿈 혹은 이상에 대한 갈망과 현실 세계 사이의 갈등을 해결할 의지나 능력이 없는 사람들이 부딪히는 절망과 불행에 관한 연구다. 오늘날로 치자면 노이로제에 관한 연구라고 해도 될 것이다. 또한 이 작품은 나약함과 위선을 노출하면서 중산층의 관습과 진보의 신화를 파헤친다. 여러 인물들이 서로 소통하지 못하는 모습도 보여준다. 이 모든 것을 살펴볼 때, 이 작품은 당시만큼이나 오늘날에도 시사하는 바가 크다. 관습이나 환경은 변할 수 있지만, 인간은 변하지 않고 인간이 겪는 문제들도 항상 똑같다. 일부 비평가들은 인습에 맞서 싸우다 자포자기하는 의사 부인과 부동산 소개업자의 이야기를 다룬 싱클레어 루이스의 〈메인 스트리트 *Main Street*〉의 여주인공과 엠마 보바리를 비교하기도 한다. 삶은 어느 곳에서든 똑같고, 두 여주인공은 분명 다른 점도 있지만 비슷한 문제와 환멸을 겪는다.

플로베르가 그리는 인물들은 이웃에서 흔히 볼 수 있는 사람들을 닮았다. 그 인물들은 낭만적이거나 과장되지 않아서 독자는 새롭고도 있는 그대로의 시선으로 그들과 공감하고 동화된다. 이들은 때때로 진지하고 선한 마음을 갖기도 하지만, 때로는 인색하고 천박하며, 애처롭고 혼란스러우며, 자명한 이치를 모르거나 확실한 행동을 취하지 못할 때도 있다. 인물들의 현실감이 매우 뛰어나 독자들은 거부감을 느낄 수 있다. 자신의 불쾌한 모습을 받아들이기 힘들기 때문이다.

플로베르의 사실주의

〈보바리 부인〉은 일상의 삶과 사람들의 모습에 낭만을 가미하지 않고 꾸밈없이 묘사했기 때문에 '사실적인' 소설로 인정받고 있다. 그러나 문학적 사실주의는 작가의 눈에 비친 현실을 바라보는 것임을 이해해야 한다. 따라서 '사실주의'라는 말을 신문 기사와 같은 의미로 받아들여서는 안 된다. 이 작품에서는 사소한 부분이라도 분명한 목적을 지녔으며, 앞뒤의 내용과 밀접하게 관련이 있지만 현실 세계에서는 벌어지지 않을 수도 있다. 작가가 무엇을 선택하고 생략할 것인가와 어떤 특정한 사건에 무게를 둘 것인가 하는 문제는 심오한 예술적 기교의 작용이다.

플로베르의 사실주의가 위대한 결정적인 이유는 중산층 사람들의 우둔함을 포착해냈으면서도 작품을 지루하게 이끌어가지 않았다는 점이다. 세밀한 것에 대한 주의, 평범한 삶과 진부함을 다루는 솜씨 등 이 모든 것에 거장의 입김이 들어가지 않는다면 이런 유형의 작품은 진부하고 지루한 소설로 전락한다. 작품의 면면이 실제 삶과 일치하기를 원했던 플로베르는 작품에 등장하는 장소를 방문해서 자신의 묘사가 정확한지를 확인했다. 플로베르가 도지사의 농사공진회 연설을 쓴 후에 실제로 매우 흡사한 내용의 도지사 연설이 있었다고 하는데, 모두 상투적이고 진부한 문장들로 가득했다. 오메라는 인물을 다루는 솜씨도 사실주의적 묘사의 진수라고 할 수 있다. 플로베르는 적절한 세밀 묘사를 통해 독자들이 오메가 지루한 인물이라는 것을 알 수 있도록 그 느낌을 잘 나타냈다. 이런 세부사항의 설정 능력이 바로 플로베르의 천재성이다.

상황 설정

플로베르가 의도적으로 어떤 사건들을 설정하는 사례가 제1부 3장에 나온다. 작품 초반에 해당되지만 다음 말을 통해 독자는 엠마의 내면세계와 앞으로 벌어질 사건들의 전조를 간파할 수 있다.

> 엠마는 횃불을 밝히고 자정에 결혼식을 치르기를 원했지만 그녀의 아버지는 말도 안 된다고 생각했다.

이 짧은 언급에는 엠마의 몰락을 야기하는 감상적 낭만주의와 냉철한 농부인 아버지로 대변되는 냉엄한 현실 사이의 대비가 응집되어 있다.

화자는 사건이 발생하는 순간 이야기를 해나가기 때문

에 관련자들보다 통찰력이나 관점이 앞서지 않고, 상황을 배제한 무작위적인 '삶의 단편들'을 소개할 뿐이다. 플로베르는 이야기를 통해 분명한 이론을 정립하고자 했다. 그가 선택한 방법은 사실주의였으나 어느 부분을 강조해야 하는지와 목적을 이루기 위해 어느 부분에 집중해야 하는지는 그의 결정이었다.

상징

플로베르는 작품에서 상징도 많이 사용했다. 상징에는 목적과 제한된 기능이 있으나 더 폭넓고 심오한 의미를 부여하는 것으로 해석될 수도 있다. 〈보바리 부인〉과 같이 치밀하게 쓰인 작품이라면 어떤 세부사항을 삭제하더라도 이야기의 객관적인 서술이 타격을 받지 않는 부분에서는 추가적인 의미를 찾아보는 것이 마땅하다. 예를 들어, 1장에서 샤를르의 모자를 복잡하게 묘사한 것은 그의 학교생활을 묘사하는 데 반드시 필요한 것은 아니지만 그의 성격이나 앞으로의 성장에 관해 많은 것을 상징적으로 보여준다. 상징에 관한 다른 사례로는 장님 거지와 샤를르의 첫 번째 부인이 남긴 부케, 엠마의 애완견이 있다. 〈보바리 부인〉에 등장하는 인물들의 이름 자체가 상징이라고 지적하는 비평가들도 있다. 보바리라는 이름은 둔감한 소를 상징한다는 것이다.

역설과 대비

플로베르는 많은 부분에서 모순과 대비를 사용했다. 그것은 항상 자신이 의미하는 바를 강조하고 독자의 관심을 주제로 향하게 하기 위해서였다. 작품에는 대비를 이루는 장면들이 항상 등장하는데, 인물들의 반응과 해석을 통해 이야기의 핵심을 분명히 밝혀주는 역할을 한다. 제1부에서 보바리의 소박한 결혼과 후작의 무도회가 대비된다. 역설을 사용한 장면도 많다. 농사공진회에서 도지사 대리인이 한 연설과 로돌프의 고백이 그 예다. 각기 다른 사건들의 연관성은 제2부 끝에서 드러난다. 엠마는 테너 라가르디에게 관심을 보이며 그녀 자신과 독자에게 예상하지 못한 레옹의 등장을 준비시킨다.

작품 전체를 놓고 볼 때, 샤를르는 서로 대비되는 아내 두 명을 두었다. 엠마는 남자로서나 연인으로서나 서로 대조적인 사람들을 알게 된다. 그러나 주제와 관련해서는 엠마의 이상화된 비현실적 세계와 단조로운 현실 세계가 가장 크게 대비된다. 이는 엠마의 소망과 성취 사이의 간극을 구체적으로 표현해 준다. 그리고 종국에는 엠마가 아름답고 평화로운 죽음을 바랐음에도 불구하고 마지막 숨을 거둘 때까지 몇 시간 동안이나 고통에 몸부림친다는 끔찍한 결론으로 치닫는다.

문체

플로베르는 매우 부지런하고 치밀한 장인이다. 〈보바리 부인〉을 집필하는 데 무려 5년을 바쳤으며, 그 사이에 모든 등장인물들의 전기를 쓰고, 배경이 되는 마을의 지도까지 그렸다. 작품의 원본은 완성본보다 몇 배나 더 길었고, 지방 생활을 정확하게 그리기 위해 이야기의 모든 면면을 깊이 연구하기도 했다. 플로베르는 집필 도중에 도지사 대리인의 연설에 나오는 문장이 다른 지역의 정부 관리가 한 연설의 문장과 똑같았다는 사실에 큰 자부심을 느꼈다.

그는 단어 하나도 신중하게 골라서 썼으며, 다양한 시제와 여러 가지 수사학적 기법을 노련하게 사용해 미묘한 의미를 이끌어내고 분위기를 한층 고조시켰다. 작품의 속도감은 이야기와 복잡하게 연계되어 있기 때문에 주의 깊게 읽은 독자라면 사건의 진행 속도가 인물들의 감정 상태와 관련이 있다는 것을 눈치 챘을 것이다. 엠마가 싫증을 느낄 때면 그녀의 생각이나 행동도 매우 상세하게 묘사되어 독자 역시 지루함을 느낀다. 반면, 엠마가 레옹과의 관계에서 미친 듯이 행복을 탐닉할 때면 엠마와 독자는 몇 달 동안 벌어진 사건을 짧은 순간에 경험하는데, 이것은 엠마의 쾌락이 덧없음을 강조한다.

화법

묘사를 목적으로 사용한 플로베르의 기법은 특징상 영화 기법과 닮았다. 농사공진회에서 도지사의 연설과 로돌프의 사랑고백이 교차되는 장면이 그 예다. 엠마와 레옹이 합승마차를 타고 루앙 근교를 달릴 때 독자는 외부에서 사건을 바라보게 된다. 이는 사실감을 한층 높여주고, 독자가 실제 경험을 떠올려 그들의 경험을 이해하도록 만든다. 어떻게 보면 독자는 등장인물들과 함께 경험에 참여하는 것이다. 제3부는 전개, 설명, 결말 면에서 무대 연극과 비슷하다. 작품 전체의 흐름도 비극의 요소를 담고 있다.

사회 비평

플로베르는 이 작품에서 특정 사회 계층을 묘사했고, 그 구성원들을 적나라하게 분석했다. 그가 창조한 인상적인 인물들은 오늘날에도 소중하고 가치 있는 교훈을 준다. 게다가 작가로서의 놀라운 재능 덕분에 일상의 평범한 삶이 예술의 원천이 될 수 있다는 가능성을 보여주었다. 그는 사실주의의 선두주자였다. 플로베르 이전의 소설들은 구조가 탄탄하지 않고 서술적이었으나 그는 소설에 확실한 구조와 목적을 부여했고 정식 문학으로 받아들여질 수 있도록 하는 데 기여했다.

그의 작품에도 단점이 없는 것은 아니다. 등장인물들은 상징적 의미의 무게를 감당할 만큼 옹골차지 못할 때가 있으며, 플로베르의 극단적 비관주의로 인해 인물의 평가와 성격묘사에서 객관적이거나 공정한 자세를 견지하지 못했다. 그러나 〈보바리 부인〉은 위대한 소설이며 인류의 문화유산 가운데 가장 소중한 작품의 반열에 올라 있다.

이 부분은 〈보바리 부인〉에 대한 이해력을 테스트하기 위해 마련한 난입니다. 다음 질문에 대해 간단히 기술하시오.

1. 플로베르의 중산층 사회에 대한 태도를 기술하라. 작품에서 당신의 견해를 뒷받침하는 부분을 예로 들라.

2. 〈보바리 부인〉에서 쓰인 대조와 반어법에 대해 설명하라.

3. 오메와 부르니지엥의 성격을 비교하라. 그들은 각각 무엇을 상징하는가? 그들에 대한 플로베르의 반응은 어떠한가? 그들은 공정하게 묘사되었는가?

4. 〈보바리 부인〉은 어떤 면에서 현실주의 소설인가? 문학적 측면에서 '현실주의'란 무엇인가?

5. 엠마 보바리의 성격을 분석하라. 그녀는 자신의 몰락에 어떤 책임이 있는가? 그녀가 살던 시골지역과 주민들의 어떤 성향이 그녀를 불행하게 만들었는가?

6. 샤를르, 로돌프, 레옹과 엠마와의 관계를 비교하라. 그녀의 태도와 욕구 면에서 그리고 그 남자들의 유형 면에서, 또한 그들을 만날 당시 그녀의 삶의 단계 면에서 비교하라.

7. 〈보바리 부인〉의 상징에 대해 본문에서 예를 들어 기술하라.

8. 플로베르의 경력과 문학사에서 그의 입지에 대해 간단히 기술하라.

9. 샤를르 보바리의 성격을 분석하라. 왜 엠마는 그와 결혼했는가? 그가 그녀의 몰락에 일조했는가? 그는 동정적인 인물인가?

10. 다음 등장인물들에 대해 서술하라. 라가르디, 라리비에르, 쥐스텡, 펠리시테, 카니베,이폴리트, 루오.

11. 엠마를 부추기고 그녀를 불행으로 이끈 환상에 대해 서술하라. 그것은 어떤 면에서 비현실적인가? 그것은 그녀의 어떤 성격을 보여주는가? 엠마를 괴롭힌 문제가 오늘날에도 있는가? 그렇다면 그녀와 같은 사람들의 욕망은 무엇으로 채울 수 있는가?

12. 주요 장면 및 사건과 인물들 간의 관계, 극적 기법의 구사, 전반적인 극적 형태를 지적하여, 소설로서의 〈보바리 부인〉의 구조를 분석하라.

삶, 끝없는 운동

실전 연습문제

一以貫之는 '논어'에 나오는 말로 '모든 것을 하나의 이치로 꿴다'는 뜻입니다.

논술의 주제와 문제 유형, 제시문들은 참으로 다양하고 가지각색입니다. 그러나 그 모든 것을 하나로 꿸 수 있습니다. '인간사회의 보편적 문제들에 대한 근원적인 물음에 답하는 자기 나름의 견해'라는 것이지요. 논술은 인간이면 누구나 부닥치는 개인적 또는 사회적 문제들에 대한 자기 나름의 고민이자 성찰입니다. 논술은 자기견해, 자기 가치관, 자기 삶에 대한 솔직한 고백입니다.

一以貫之 논술연구모임은 '자신의 물음'과 '자신의 생각'을 갖고 '자신의 글'을 쓸 수 있도록 도와줍니다.

〈집필진〉
김규형, 우한기, 이호곤, 박규현, 김법성, 김재년, 김병학, 도승활, 백일, 우효기,조형진

삶, 끝없는 운동

1.

플로베르 연구자들에 따르면, 〈보바리 부인〉는 실화(들로네 사건)를 문학적으로 재구성한 작품으로서 당대 부르주아지 사회의 감수성과 풍속을 세밀하게 형상화해낸 걸작으로 평가받는다. 평자들에 따라 견해차가 약간씩 있기는 하지만, 근대 문학에서 사실주의와 자연주의 흐름을 형성하는 데 기여했다는 점에서는 대체로 동의하는 분위기다. 이 자리에서 플로베르나 〈보바리 부인〉이 세계 문학사에서 갖는 의미나 위상을 검토하려는 의도는 아니지만, 평단의 반응을 살피는 것도 나쁘지 않을 것 같아 현대 프랑스 사상계를 대표하는 세 비평가들의 촌평을 소개한다.

"먼저 플로베르의 꿈과 환상이 있은 후에, 말라르메와 조이스, 카프카와 보르헤스가 가능했던 것이다."(미셸 푸코)

"나는 〈보바리 부인〉을 좋아하지 않는다. 플로베르 역시 좋아하지 않는다. 그러나 〈보바리 부인〉은 정녕 위대한 작품이라고 생각한다."(장 폴 사르트르)

"플로베르에 이르러 글쓰기는 그 내용과 형식의 대립 자체가 사라진다. 글을 쓰는 것과 사유하는 것의 차이가 사라지며 글쓰기는

어떤 총체적 존재가 된다. 그리하여 플로베르의 문장들은 하나하나가 독립된 사물이 된다."(롤랑 바르트)

예의 발문에서 짐작할 수 있듯이, 소위 글깨나 쓴다는 비평가들로부터 아낌없는 찬사를 받았고 또 받고 있는 작품이 바로 〈보바리 부인〉이다. 이런 평가가 과연 타당한지 여부는 당연히 이 작품을 읽은 독자가 판단할 문제이니 작품 감상을 통해 확인하도록 하자.

2.

〈보바리 부인〉에는 엠마 루오(보바리 부인), 샤를르 보바리(엠마의 남편, 시골의사), 로돌프(엠마의 첫 번째 정부, 지주), 레옹(엠마의 두 번째 정부, 세무보조원으로 일하다 엠마와 연애할 즈음 법률학도가 됨), 오메(당시 상승중이던 부르주아지 정신의 요체인 '진보'의 전도사, 약제사), 뢰르(엠마의 사치를 부추긴 상인이자 사채업자) 등 다양한 인물들이 등장, 나름의 개성을 드러내지만, 이 가운데 흥미를 끄는 인물은 단연 엠마이다. 종교적 숭고함과 광기에 가까운 격정 사이에서 끊임없이 방황하는 심리 상태, 정념에 눈이 멀어 아내와 어머니로서의 역할을 내팽개치는 부도덕하고 무책임한 행동, 그리고 뒤이은 파국 등은 독자의 관심을 끌기에 충분한 요소라고 할 수 있다. 따라서 논의의 초점은 엠마의 이 같은 심리 상태와 행동 방식으로 모아진다. 이 점에 대해서는 별다른 이견이 없을 것으로 예상된다. 문제는 어떤 방식으로 접근하느냐이다.

우선 사회 통념으로 보자면, 우리가 엠마의 파국을 두고서 연민의 정이나 관용의 미덕을 발휘하기는 어려울 것이다. 개인의 욕망추구가 중요하고 또 마땅히 존중되어야 하겠으나, 사회적 존재로서 지켜야 할 최소한의 도덕적 책무는 있게 마련이다. 이것은 공동체 질서가 유지되는 기본조건이기도 하다. 엠마 역시 도덕적 책무로부터 자유로울 수 없는 형편이었다. 결혼하는 순간 자신과 공동체 간의 계약, 즉 아내로서 어머니로서의 도리를 다하겠다는 약속이 암묵적으로나마 성립되었기 때문이다. 그런데 엠마는 분별없는 욕망으로 인해 이 약속을 깨뜨렸다. 따라서 그 결과에 대한 책임은 전적으로 엠마에게 있다.

이 같은 접근은 일견 타당하며, 깔끔한 논의 방식이지만 의문은 여전히 남는다. 엠마가 도덕적 책무를 파기하면서까지 실현하고자 했던 행복은 어떤 것이었을까? 여기에는 엠마의 삶에서 욕망 추구가 갖는 의미, 이를 실현하는 과정에서 엠마가 현실 세계와 관계 맺는 방식, 이상과 현실의 괴리로 인한 갈등 따위의 논점들이 함축되어 있다. 때문에 윤리 의식의 부재라든가 분별력 · 자제력의 부족 등 도덕적 판단에만 머문 논의 방식으로는 해결하기 어려운 문제라고 할 수 있다. 그럼에도 불구하고, 이 문제는 해명되어야 할 과제다. 적어도 우리가

〈보바리 부인〉과의 생산적인 대화 예컨대, 사회 통념을 확인하는 수준에서 그치지 않고, 인간 삶의 보편적 조건을 고민하는 데까지 나아가고자 한다면 시선 이동이 필요하다.

여기에 동의한다면, '도덕적' 틀을 벗고서 자기실현의 권리를 가진 한 인간 '엠마'로 시선을 옮겨보자. 사태가 달라질 것이다. 한 남자의 아내, 한 아이의 어머니로서 '보바리 부인' 대신에 행복을 갈구하며 현실과 이상 사이에서 방황하는 이른바, '근대적' 개인의 한 전형으로서 '엠마'가 모습을 드러낼 것이다. 이 '근대적' 개인 엠마가 지금부터 우리가 대화할 상대다. 도약이 이루어졌다면, 소통을 위한 준비는 끝난 셈이다.

우선, 엠마의 낭만적인 성향과 욕망의 상승, 그리고 파국에 이르는 과정부터 살펴보자.

3.

엠마의 예민한 감성과 낭만적 성향이 표출되기 시작하는 것은, 결혼 전까지 품어왔던 사랑에 대한 환상이 흔들리면서부터다. 자신이 느낀다고 생각했던 사랑에서 당연히 생겨나야 할 행복이 찾아오지 않는다는 의문이 들기 시작한 것이다. "그래서 엠마는 여러 가지 책들에서 볼 때는 그렇게도 아름다워 보였던 희열이니 정열이니 도취니 하는 말들이 실제로 인생에서는 도대체 어떤 의미인지 알고 싶었다."

그러나 이러한 속내를 이야기할 마땅한 상대는 아직 없

다. 남편인 샤를르 보바리에게 그 역할을 기대하기는 어려웠다. 샤를르 보바리의 취향이나 말투는 자신이 바라던 남성의 매력, 예컨대, 여러 가지 재주에 능하고 정열의 위력, 세련된 생활, 온갖 신비들로 인도해 주는 능력과는 거리가 멀었기 때문이다. 오히려 아무런 감동도, 웃음도, 몽상도 자아내지 못하는 그의 말과 행동에 싫증날 뿐이다. 반면, 샤를르는 엠마와의 결혼 생활에 만족할 뿐만 아니라 그녀 역시 행복해 할 것이라고 믿는다. 엠마는 샤를르의 이같은 평온과 둔감을 원망하다, 급기야 "맙소사, 내가 어쩌자고 결혼을 했던가?" 하고 자신의 섣부른 선택에 후회를 한다. 자신의 시골생활은 희열이니 정열이니 도취니 하는 말들을 음미하기에는 너무나 초라하였던 것이다.

시골생활이 보잘것없다고 느끼는 한편으로, 이상적인 생활에 대한 관념이 영혼을 장악하기 시작한다. 실체가 불분명한 그러면서도 뭔가 아련한 느낌을 주는 관념의 매혹에 빠져들면 들수록 생활에 대한 의욕은 떨어지고 일상은 권태로워진다. 삶의 비전은 좀처럼 잡히지 않는다. 그러나 엠마에게는 이러한 자신의 처지를 응시할 만한 지적 토양이 빈약했다. 그렇기에, '정상적인' 생활이 안 되는 이유가 무엇인지, 자신이 원하는 게 무엇인지, 원하는 게 있다면 그것을 왜 해야 하는지, 그것이 실현되기 위해서는 어떤 조건이 필요한지, 이런 질문을 해야 하는 '나'라는 존재는 도대체 무엇인지 등을 진지하게 사유하지는 않는다. 대신 '이곳'을 벗어나기만 하면 행복할 수 있을 것이라는 나른한 환상만을 재생산한다. 이러한 환상은 도시 귀족들의 생활 방식에 대한 동경으로 이어진다. 엠마가 상상하는 그들의 생활 방식은 권태와는 거리가 멀어 보이기 때문이다.

자정이 넘어서야 저녁식사를 하는 레스토랑의 특별실에서는, 환한 촛불 밑에서 화려한 옷차림의 문인들과 여배우들의 잡다한 무리가 웃고 있다. 그들 문인들은 제왕처럼 돈을 뿌리고 꿈같은 야망과 망상 같은 열광에 충만되어 있다. 그것은 하늘과 땅 사이에서, 다른 삶들을 초월한 삶, 폭풍 속의 숭고한 그 무엇이었다. 그 밖의 모든 세상사는 분명한 장소도 없이, 존재하지 않는 것이나 마찬가지로 사라지고 없었다. 게다가 가까운 곳에 있는 것일수록 그녀의 생각은 그것에서 멀어져 갔다. 그녀를 가까이 둘러싸고 있는 모든 것, 권태로운 전원, 우매한 소시민들, 평범한 생활 따위는 이 세계 속에서의 예외, 어쩌다가 그녀가 걸려든 특수한 우연에 불과한 반면, 저 너머에는 행복과 정열의 광대한 나라가 끝 간 데 없이 펼쳐져 있는 것처럼 생각되었다.

이제 화려함과 숭고함, 그리고 정열 등은 엠마의 삶에서 행복과 동의어가 된다. 동시에 낭만적인 생활에 대한 동경은 욕망의 형태로 상승하기 시작한다. 이렇게 형성된 욕망은 삶에서 그녀에게 허용되는 모든 가능성들을 지배하는 강력한 힘이 된다. 이를 계기로 엠마의 삶은 새로운 국면으로 접어든다.

욕망에 사로잡힌 엠마는 점차 현실과 관념을 분별하는 능력을 상실하고 정념(情念)과 사치에 탐닉한다. 거기에서 산출되는 열정과 황홀만이 자신이 살아 있음을 확인하는 유일한 순간이기 때문이다. 반면, 아내로서 어머니로서의 역할을 수행해야 하는 현실 생활은 도취의 순간을 유보시키는 끔찍한 나날일 뿐이다. 그럼에도 불구하고 일상은 어김없이 찾아오고, 그럴 때마다 도취에서 깨어나야만 하는 상황이 더할 수 없이 고통스럽다. 간혹 결혼 전 잠시 머물렀던 수녀원 생활을 떠올리며 종교에 '복귀'해 '극단적인 자선 활동에 빠져드는' 등 그 고통을 잊어보려 하지만, 걷잡을 수 없는 욕망을 잠재우기에는 역부족이다. 이후 자살로 귀결되는 파국이 말해 주듯이, 결국 엠마는 현실과의 투쟁에서 패배한다. 자기실현에 성공하지 못했다는 점에서라기보다는 스스로 삶을 포기했다는 점에서 패배인 것이다.

4.

엠마의 삶이 패배한 것과 관련하여, 무엇보다도 그녀의 아웃사이더적인 태도에 주목할 필요가 있다. 비록 아웃사이더의 전형으로서 자주 언급되는 로깡땡(소설 〈구토〉의 주인공, 사르트르)이나 뫼르소(소설 〈이방인〉의 주인공, 카뮈)의 경우처럼 삶의 정당성에 관한 근본적인 물음을 던질 정도로 철저

하지는 않았지만, 기본적으로 현실 적응에 실패했다는 점에서 엠마 역시 아웃사이더로서의 특성을 갖는다고 볼 수 있다.

현실을 비실재적으로 받아들이고 일상에 권태를 느끼는 태도의 저변에는 규범이나 질서로 틀 지워진 세계를 벗어나려는 욕구가 도사리고 있다. '지금-이곳'으로 좁혀진 삶을 확장하고 싶은 것이다. 이는 나와 세계가 건강하게 만남으로써 삶이 보다 행복해지기를 바라는 열망이기도 하다. 자기실현 욕구는 이러한 열망이 삶에서 구체적으로 표출되는 형태다. 이렇게 본다면, 현실에 대한 환멸(내지는 낯설음)은 새로운 삶을 창조할 가능성이 내포된 경험이라고 할 수 있다.

이런 의미에서 엠마 역시 '가능성'을 가진 존재였다. 그러나 엠마에게 그 가능성은 현실의 구체적인 조건을 망각한 과도한 환상과 욕망 추구로 인해 소진되고 만다. 예를 들어, 엠마가 진정으로 사랑한다고 믿었던 로돌프나 레옹과의 관계를 보자. 엠마에게 로돌프나 레옹은 '도시 귀족적' 삶 내지는 미지의 세계를 상징한다. 하여 그들과 함께하는 생활은 현실 너머 '그곳'에서의 삶을 의미하는 바, 병적이리만치 그들에게 매달리는 것도 이런 맥락에서다. 사랑을 통한 일종의 도약(내지는 구원)을 꿈꾼 것이다. 이렇게 볼 때, 결국 엠마가 사랑한 대상은 로돌프나 레옹이라는 존재 자체가 아니라, 자신의 환영(幻影)이었다고 할 수 있다. 로돌프와 레옹이 그녀를 떠나갈 때 절망에 빠진 것도, 실연이 주는 아픔보다도 자신의 환영이

사라지는 데서 오는 고통이 더 컸기 때문이었을 것이다.

이처럼 엠마는 자신이 실제 하고 있는 일(탐닉)과 그 일에 대한 미화(자기실현)를 혼동함으로써, 자신은 물론 다른 존재들과의 건강한 관계맺기에 실패했다. 현실과의 구체적인 소통이 단절됨으로써, 세계와 삶을 보다 높은 차원에서 긍정할 기회 또한 사라진 것이다. 이는 당초 새로운 삶의 가능성을 제공했던 세계 확장의 욕망이 현실과 유리된 관념 세계로의 퇴행으로 변질되었기 때문이다.

요컨대, 엠마는 현실의 구체적인 조건과 맥락을 망각한 채 자기 욕망만을 추구함으로써 패배를 자초했다. (이는 현실이 그만큼 견고하다는 반증이기도 하다.) 뿐만 아니라, 엠마는 자신이 구축한 관념 세계가 또 다른 형태의 '틀 지워진' 세계임을 인식하지 못했다. 즉, 자신과 세계와의 보다 건강한 만남을 위해서는 '그곳' 또한 넘어서야 함을 깨닫지 못한 것이다.

물론, 엠마에게 완벽한 '넘어섬'을 기대할 수는 없다. 엠마뿐만 아니라 인간은 기본적으로 '질서'를 바탕으로 살아가는 존재이기 때문이다. 그 질서가 공동체적인 규범에 기초한 제도나 관습을 의미할 수도 있고, 자기 관념에 기초한 환상이나 신념 체계를 의미할 수도 있다. 다만, 자신이 의지할 삶의 근거로 작용한다는 점에서는 차이가 없다. 어떠한 형태의 질서로부터도 해방된 그야말로 '초월적인' 인간은 적어도 지금까지 우리에게 허용된 상상력의 범위 안에서는 존재하지 않는다. 문제는 자기가 근거로 삼은 그 질서가 자신에게든 타인에게든 늘 행복을 가져다주지는 않는다는 데 있다. 앞서 언급했던 세계의 확장이란 것도 따지고 보면, 불편한 지금의 질서를 대체할 다른 질서를 모색하려는 태도에 불과하다. 이렇게 본다면, 세계로 나아간다는 말은 문자 그대로의 나아감이라기보다는, 세계와의 보다 풍성한 만남을 가능케 하는 또 다른 '질서'로의 물러섬(퇴행)에 다름 아니라고 할 수 있다. 엠마의 경우 문제가 되는 것은 이 같은 운동이 한 번에 그쳐 자신과 세계와의 소통이 단절되었다는 데 있다.

5.

인간이 자기실현을 열망한다는 것은, 기존 질서에서 충족되지 않는 자신이나 세계와의 제한된 만남에 대한 아쉬움의 발로라고 할 수 있다. 이는 삶을 보다 풍성하게 살찌울 수 있는 가능성이다.(자립의 근거) 그러나 엠마의 경우처럼 이러한 열망을 자립의 근거로 포착 · 승화시키지 못할 경우, 오히려 질곡(桎梏)이 될 수도 있다. 자립의 근거로 포착한다는 말은, 삶에서 자신에게 허용되는 가능성 특히, 자유로운 소통의 조건을 사유하고 모색한다는 것을 의미한다. 이는 나아감(물러섬)과 물러섬(나아감)의 끊임없는 운동으로서의 삶을 요구한다.

괄호를 열었다 닫았다 하는 끊임없는 반복, 그래서 '살아 있는' 삶은 끊임없는 운동인 것이다. 여기서 중요한 것은 꿈이나 이상, 이념의 의미를 새롭게 인식하는 일이다. 즉, 꿈이나 이상, 이념은 반드시 실현되어야 할 목적지로서 현실의 삶이 따라가야 할 이정표가 아니라(구성적 이념), 실체가 없으며 어디에도 존재하지 않는 그러면서도 현실의 조건과 한계를 포착하는 능력을 제공하는 '시선'으로서 이해해야 한다.(통정적 이념) 요컨대 이상이나 이념은 현실의 조건과 한계를 통찰하는 '시선'일 뿐 목적은 아니라는 인식을 갖는 게 중요하다. 그럴 때 진정한 의미에서의 자립은 가능하다.

엠마의 패배에서 우리가 배울 게 있다면, 이 점이 아닐까 한다.

〈문제〉 **다음 (가), (나)의 글에서 공통적으로 지향하는 삶에 대한 태도를 분석해내고, 이에 대한 자신의 견해를 논하라.**

(가) 시의 정신과 방법? 시 쓰는 사람이 어떻게 자기 시의 정신과 방법을 아는가? 그것은 장님이 코끼리를 만지는 식의 우를 범하는 일이다. 시인은 자기의 시에 대해서 장님이다. 그리고 이 장님이라는 것을 어느 의미에서는 자랑으로 삼고 있다.

도대체가 시인은 자기의 시를 규정하고 정리할 필요가 없다. 그것이 그에게 눈곱재기만한 플러스도 되지 않기 때문이다. 그는 언제나 시의 현 시점을 이탈하고 사는 사람이고 또 이탈하려고 애를 쓰는 사람이다. 어제의 시나 오늘의 시는 그에게는 문제가 안 된다. 그의 모든 관심은 내일의 시에 있다. 그런데 이 내일의 시는 미지다. 그런 의미에서 시인의 정신은 언제나 미지다. 고기가 물에 들어가야지만 살 수 있듯이 시인의 미지는 바다다. 그가 속세에서 우인시(愚人視)되는 이유가 거기 있다. 기정사실은 그의 적이다. 기정사실의 정리도 그의 적이다.

(중략)

시인은 영원한 배반자다. 촌초의 배반자다. 그 자신을 배반하고, 그 자신을 배반한 그 자신을 배반하고, 그 자신을 배반한 그 자신을 배반한 그 자신을 배반하고… 이렇게 무한히 배반하는 배반자. 배반을 배반하는 배반자… 이렇게 무한히 배반하는 배반자다.

—김수영 〈시인의 정신은 미지〉

(나) 왕가위의 영화 〈동사서독〉은 돌아다니고 방황하는 정착민의 군상을 냉정한 시선으로 보여주고 있다. 그 영화의 모든 인물들은 한결같이 떠도는 방랑자고, 일상적 삶에서 벗어난 탈주자며, 마을의 정착민들과 대비되는 위치에서 오고 간다. 하지만 그들 중 많은 사람은 그렇게 떠돌면서도 어느 한 곳에 붙박히듯 사로잡혀 있고 바윗덩이보다도 더 무거운 그 집착을 끝내 떨치지 못해 등에 진 채 방랑한다. 특히 주인공인 구양봉이 그렇다. 그는 실패한 사랑의 기억이라는 잊을 수 없는 과거의 상처에 여전히 사로잡힌 채 멈추어 있고, 그것을 감추려는 듯 오직 돈으로만 목숨을 사고파는 해결사의 냉담함으로 자신의 마음을 가리고 있으며, '사막 가운데 살면서 사막 자체도 제대로 돌아본 적이 없'으며, 산 너머에는 무엇이 있을까 하던 예전의 궁금증조차 잃어버렸다는 점에서, 누구보다도 더 고착된 과거의 기억 주변을 맴도는, 그러면서 끊임없이 정착할 곳을 그리는 떠돌이다. 거기서 탈주선은 끊어져 있고, 유목은 중

단되어 있다.

이런 점에서 유목의 공간 안에서 탈주자들을 다루고 있지만, 정반대로 그러한 공간조차 정착의 공간, 멈춤의 공간이 될 수 있다는 것을 보여주는 것으로 시작하고, 떠나도 떠나지 못하는, 상처에 고착된 사람을 보여주면서 끝나는 이 영화는, 머묾과 떠남이 공간의 속성도, 사람의 속성도 아니라는 것을 보여준다. 다시 말해 떠돌아다니는 자들도 멈추어 있는 자들일 수 있고, 반대로 멈추어 있는 자들도 떠돌아다니는 자일 수 있다는 것이다. 앉아서 하는 유목, 떠돌며 하는 정착. 떠남과 머묾은 공간의 문제가 아닌 것이다. 정말로 중요한 것은 어디서든지 새로이 시작할 수 있고, 어디서든지 변이할 수 있는 것이며, 새로운 삶을 생성할 수 있는 능력이며, 이를 위해 현재와 미래를 사로잡는 고착된 인연의 끈에서 자유로워지는 것이고, 그 끈을 풀어서 새로운 삶의 자원으로 변환시키는 것이다.

(중략)

움직임과 멈춤, 이동과 정지는 정착과 유목에 대응되는, 그것을 정의하는 개념이 아니다. 굳이 그 말들을 사용하자면, 정착민은 멈추기 위해 이동하는 사람들이고, 유목민은 이동하기 위해 멈추는 사람들이다. 영토와 길 역시 정착과 유목에 대응하는 개념이 아니다. 왜냐하면 유목민 역시 영토를 가지며(몽고 제국의 그 광대한 영토를 보라!), 움직이는 관습적인 경로를 갖기 때문이고, 정착민 역시 자신의 영토를 가지며, 그

영토 사이를 이동하는 길, 아니 도로를 갖기 때문이다.

심지어 유목민은 한 곳에 머문 채 이동하고 움직이는 사람들이다. 다른 세계, 다른 사유, 다른 삶의 방식을 찾아서. 그래서 토인비는 유목민을 오히려 '움직이지 않는 사람들'이라고 정의했고, 들뢰즈/가타리는 그 정의가 지극히 올바르다고 공감하면서 이렇게 말하고 있다. "유목민은 물론 움직이지만 앉아 있으면서 움직이고, 움직이면서 앉아 있는다. … 유목민은 어떻게 기다려야 하는지 안다. 그들은 무한한 참을성을 갖고 있다." 그래서 들뢰즈/가타리는 '앉아서 하는 유목'이란 개념을 즐겨 사용한다. 역으로 〈동사서독〉은 '돌아다니며 하는 정착'이란 개념 역시 충분히 유효하다는 것을 알려준다.

— 이진경 〈유목주의란 무엇이며, 무엇이 아닌가?〉

다락원 명작노트 032

보바리 부인

펴낸이 정효섭
펴낸곳 (주)다락원

초판 1쇄 인쇄 2007년 3월 16일
초판 1쇄 발행 2007년 3월 22일

책임편집 안창열, 김지영
디자인 손혜정, 박은진
번역 권지현
삽화 손창복

다락원 경기도 파주시 교하읍 문발리 509-1
Tel:(02)736-2031 Fax:(02)732-2037
(내용문의: 내선 410/구입문의: 내선 113~114)
출판등록 1977년 9월 16일 제300-1977-23호

값 8,500원

ISBN 978-89-5995-147-5 43740

〈행복한 명작 읽기〉는 기초가 약한 영어 초급자나 초, 중, 고 학생들이 보다 즐겁고 효과적으로 명작들을 읽으며 독해력을 키울 수 있도록 개발된 독해력 증강 프로그램입니다.

책의 특징

1 골라 읽는 재미가 있다. 초보자를 위한 350단어 수준에서 중고급자를 위한 1,000단어 수준까지 5단계 구성.
2 단계별로 효과적인 영어 읽기 요령과 영문 고유의 참맛을 느낄 수 있는 장치가 곳곳에.
3 읽기만 해도 영어의 키가 쑥쑥 - 해석을 돕는 돼지꼬리(~), 영어표현 및 문법 설명, 퀴즈가 왕창.
4 체계적인 듣기 학습까지. 전문 미국 성우들의 생동감 넘치는 원음을 담은 오디오 CD 제공.

왕초보 기초다지기

쉬운 영문을 통해 영어 독해에 대한 막연한 두려움을 없앤다.

Grade 1 Beginner — 350 words

1 미녀와 야수
2 인어공주
3 크리스마스 이야기
4 성냥팔이 소녀 외
5 성경 이야기 1
6 신데렐라
7 정글북
8 하이디
9 아라비안 나이트
10 톰 아저씨의 오두막

Grade 2 Elementary — 450 words

11 이솝 이야기
12 큰 바위 얼굴
13 빨간머리 앤
14 플랜더스의 개
15 키다리 아저씨
16 성경 이야기 2
17 피터팬
18 행복한 왕자 외
19 몽테크리스토 백작
20 별 | 마지막 수업

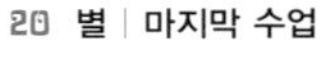

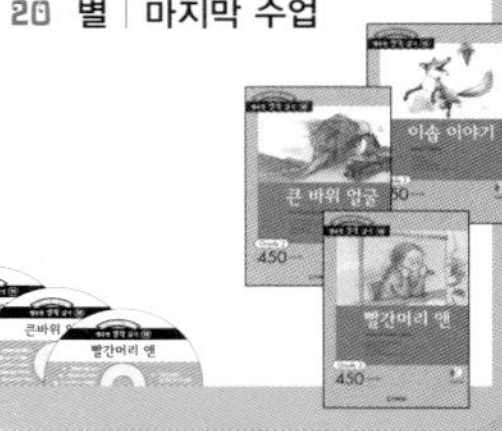

국판 | Grade 1, 2, 3 각권 6,000원 (오디오 CD 1개 포함)
Grade 4, 5 각권 7,000원 (오디오 CD 1개포함)
*어린왕자 8,000원 (오디오 CD 2개 포함)
**고도를 기다리며 9,000원 (오디오 CD 2개 포함)

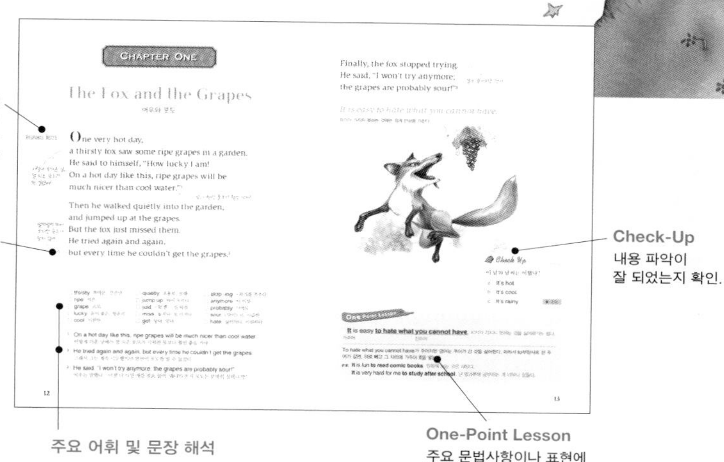
CHAPTER ONE

The Fox and the Grapes

여우와 포도

One very hot day,
a thirsty fox saw some ripe grapes in a garden.
He said to himself, "How lucky I am!
On a hot day like this, ripe grapes will be
much nicer than cool water."

Then he walked quietly into the garden,
and jumped up at the grapes.
But the fox just missed them.
He tried again and again,
but every time he couldn't get the grapes.

Finally, the fox stopped trying.
He said, "I won't try anymore;
the grapes are probably sour!"

It is easy to hate what you cannot have.

Check Up

One-Point Lesson

It is easy to hate what you cannot have.

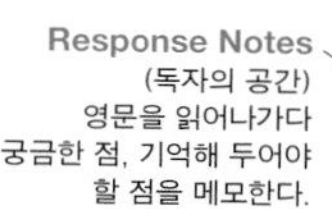

Response Notes
(독자의 공간)
영문을 읽어나가다
궁금한 점, 기억해 두어야
할 점을 메모한다.

해석 도우미
(일명 '돼지꼬리')
꼬리 끝에 해석을 돕는
힌트가 꽂혀 있다.

Check-Up
내용 파악이
잘 되었는지 확인.

주요 어휘 및 문장 해석

One-Point Lesson
주요 문법사항이나 표현에
대한 심층 분석 코너.

실력 굳히기

실력에 맞게 효과적으로 끊어 읽으며 직독직해 훈련을 한다.

Grade 3 Pre-intermediate 600 words

21 톨스토이 단편선
22 크리스마스 캐럴
23 비밀의 화원
24 헬렌 켈러, 나의 이야기
25 베니스의 상인
26 오즈의 마법사
27 이상한 나라의 앨리스
28 로빈 후드
29 80일 간의 세계 일주
30 작은 아씨들

Grade 4 intermediate 800 words

31 오페라 이야기
32 오페라의 유령
33 어린 왕자*
34 돈키호테
35 안네의 일기
36 고도를 기다리며**
37 투명인간
38 오 헨리 단편선
39 레 미제라블
40 그리스 로마 신화

영어의 맛 제대로 느끼기

영문판 원서 도전을 위한
전 단계의 준비과정이다.

Grade 5 Upper-intermediate 1000 words

41 센스 앤 센서빌리티
42 노인과 바다
43 위대한 유산
44 셜록 홈즈 베스트
45 포 단편선
46 드라큘라
47 로미오와 줄리엣
48 주홍글씨
49 안나 카레니나
50 나에겐 꿈이 있습니다
–명연설문 모음

콕콕 찍어 들려주는 명작 리스닝 시리즈 [전20권]

세계 명작소설을 쉽게 고쳐 쓴 중·고생용 학습 교재. 독해와 함께 청취력 향상을 위해 전 내용을 녹음하고, 매 페이지에 리스닝 포인트를 두어 한국인이 듣기 어려운 부분은 또박또박한 발음으로 반복해 들려준다. 권말에는 영어듣기 테스트를 수록해, 입시에서 점점 비중이 높아지는 듣기시험에 대비하도록 했다.

- 각 권 4·6판/140면 내외
- 정가: 각 권 5,800원 (테이프 2개 포함)

① 이상한 나라의 앨리스 / 백설공주와 일곱 난쟁이
Alice's Adventures in Wonderland / Snow White and the Seven Dwarfs

② 이솝 우화
Aesop Fables

③ 그림 동화집 / 잭과 콩나무
Grimms Fairy Tales / Jack and the Beanstalk

④ 재미있는 이야기 / 미녀와 야수
Famous Stories / Beauty and the Beast

⑤ 알라딘과 요술램프 / 이른 아침의 살인
Aladdin and the Magic Lamp / Dead in the Morning

⑥ 오즈의 마법사 / 흑마 이야기
The Wonderful Wizard of Oz / Black Beauty

⑦ 걸리버 여행기 / 쉽게 번 돈
Gulliver's Travels / Fast Money

⑧ 거울 속의 앨리스 / 정원
Through the Looking Glass / The Garden

⑨ 피터 팬
Peter Pan

⑩ 큰 바위 얼굴 / 크리스마스 선물 / 알리바바와 40인의 도적들
The Great Stone Face / The Christmas Present / Ali Baba and the Forty Thieves

⑪ 돈키호테 / 헨리 포드 이야기
Don Quixote / Tin Lizzie

⑫ 로빈 후드 / 어느 병사의 죽음
Robin Hood / Death of a Soldier

⑬ 신문 배달 소년 / 긴 터널 / 몰리의 순례자
Newspaper Boy / The Long Tunnel / Molly Pilgrim

⑭ 언덕 위의 집 / 헤라클레스
The House on the Hill / Hercules

⑮ 우주 도시로의 여행 / 요술 정원
Journey to Universe City / The Magic Garden

⑯ 마르코 폴로 / 크리스토퍼 콜럼버스 / 올리버 트위스트
Marco Polo / Christopher Columbus / Oliver Twist

⑰ 삼총사 / 레슬러
The Three Musketeers / The Wrestler

⑱ 불의 전차
Chariots of Fire

⑲ 런던 경시청 이야기 / 아서 왕
The Story of Scotland Yard / King Arthur

⑳ 도난당한 편지 / 붉은 머리 사교회 / 트래버스 씨의 첫사냥
The Stolen Letter / The Society of Red-Headed Men / Mr. Travers First hunt